NOTAS SOBRE A APTIDÃO À FELICIDADE

CONSELHO EDITORIAL
André Luiz V. da Costa e Silva
Cecilia Consolo
Dijon De Moraes
Jarbas Vargas Nascimento
Luís Augusto Barbosa Cortez
Marco Aurélio Cremasco
Rogerio Lerner

Blucher

NOTAS SOBRE A APTIDÃO À FELICIDADE

Marion Minerbo

Revisão técnica
Isabel Lobato Botter e Luciana Botter

Notas sobre a aptidão à felicidade
© 2023 Marion Minerbo
Editora Edgard Blücher Ltda.

Publisher Edgard Blücher
Editor Eduardo Blücher
Coordenação editorial Jonatas Eliakim
Produção editorial Luana Negraes
Preparação de texto Maurício Katayama
Diagramação Negrito Produção Editorial
Revisão de texto Gabriela Castro
Capa Leandro Cunha
Imagem de capa Pulsão de vida, de Marion Minerbo (2023)

Blucher

Rua Pedroso Alvarenga, 1245, 4º andar
04531-934 – São Paulo – SP – Brasil
Tel.: 55 11 3078-5366
contato@blucher.com.br
www.blucher.com.br

Segundo o Novo Acordo Ortográfico, conforme 6. ed. do *Vocabulário Ortográfico da Língua Portuguesa*, Academia Brasileira de Letras, julho de 2021.
É proibida a reprodução total ou parcial por quaisquer meios sem autorização escrita da editora.

Todos os direitos reservados pela Editora Edgard Blücher Ltda.

Dados Internacionais de Catalogação na Publicação (CIP)
Angélica Ilacqua CRB-8/7707

Minerbo, Marion.

Notas sobre a aptidão à felicidade / Marion Minerbo. – São Paulo : Blucher, 2023.

206 p.

Bibliografia
ISBN 978-65-5506-773-6

1. Psicanálise. 2. Emoções. 3. Felicidade. I. Título.

23-1123   CDD 150.195

Índice para catálogo sistemático:
1. Psicanálise

Agradecimentos

A Bruna Paola Zerbinatti, por ter levado a sério meus primeiros balbucios sobre o tema da felicidade.

A Simone Wenkert Rothstein, pela paciência de (me) acompanhar (n)as várias versões deste livro.

A Isabel Lobato Botter e a Luciana Botter, por nosso amor à escrita.

A Dominique Bourdin, pela interlocução.

A Ruth, Ariel e Renata, por existirem.

À Blucher, pelas portas abertas.

Para você.

Conteúdo

Prefácio	13
Inconsciente e felicidade	17
Felicidade, uma experiência heterogênea e complexa	21
Minha proposta	25
Dois esclarecimentos	27
Plenitude, harmonia	31
Felicidade regressiva, felicidade progressiva	35
Desejo como falta, desejo como potência	41
Matar o desejo, matar a saudade	45
Duas maneiras de interpretar a realidade	49
Aceita uma Coca-Cola?	55
Luto e saída do narcisismo primário I	59

Luto e saída do narcisismo primário II   69

Luto e saída do narcisismo primário III   73

Estar plenamente no mundo   79

A Coca-Cola estava uma delícia!   83

Integrar a exclusão edipiana   85

Troca humana, vidas solidárias   89

Alternar movimentos regressivos e progressivos   95

Empoderamento, pulsão de vida   99

Ser sujeito, fazer escolhas   103

Liberdade interna é tudo   107

Conviver com o conflito   111

Trabalho psíquico: conter e transformar   115

Objeto interno, objeto externo   119

Gratidão   125

Ocupar um lugar no mundo   129

Sublimação   133

Amar I   139

Amar II   145

Trabalhar   149

Ser sujeito, agir, realizar   153

A criatividade como fundamento do psíquico   157

O processo criativo   161

A produção de si mesmo   165

Contemplar a beleza   169

Deixar-se transformar pelo outro   173

Dar de si   177

"Quando o medo recua, as lógicas do desejo retornam
por si mesmas"   181

Freud era feliz?   185

A desconstrução da Entidade na clínica   189

O sentido da vida   197

Referências   203

Prefácio

É preciso coragem para se propor a escrever um livro sobre a felicidade. Ainda mais hoje, quando ainda convivemos com os efeitos e as angústias da pandemia, quando uma guerra mortífera ameaça um povo, quando a inflação nos faz temer tempos difíceis. Mas, por isso mesmo, agora é ainda mais importante falar de felicidade e cultivar em nós a capacidade de continuar desejando ser feliz sempre que as circunstâncias o permitirem.

Efetivamente, é sobre a aptidão à felicidade que nos fala Marion Minerbo. Quais são as experiências que temos dela, quais são as condições psíquicas necessárias para experimentar a felicidade, quais são as condições necessárias e suficientes para que a felicidade nos seja acessível.

O formato do livro mostra claramente o seu espírito. Cada parte se baseia numa situação da vida cotidiana propícia ao nosso sentimento de estarmos bem vivos e na qual cada um de nós pode reconhecer-se ou, pelo menos, nela se imaginar. Em seguida, a autora explicita o que está subjacente àquela situação do ponto de vista psíquico.

Cada vinheta concreta nos encaminha, assim, às condições que tornam possível ser feliz. Muito simples e elementares no início, as situações tornam-se gradualmente mais complexas. Para começar, são as nossas impressões sensoriais – visão, olfato, audição, paladar – que são convocadas. Da mesma forma, nosso sentimento de liberdade, menos tangível, mas essencial. Depois, nossas experiências relacionais, bem como aquelas ligadas ao trabalho e à criatividade.

Nesta desconstrução dos elementos que fazem a vida valer a pena (Winnicott), Marion Minerbo realça a força e a importância do que a psicanálise tem salientado, tanto no seu método como na sua teorização. Pois é uma psicanalista que fala e que mostra quanto a atenção aos pequenos prazeres acessíveis permite evitar que se fique focado nos inúmeros aborrecimentos e sofrimentos, bem como suportar melhor o que deles permanece inevitável. Desse ponto de vista, a experiência do luto primário do nosso desejo de onipotência é, sem dúvida, uma chave decisiva para que os acessos à felicidade se mantenham abertos.

Para concluir esta apresentação e introduzir o grande prazer que a leitura deste livro proporciona, é interessante notar que a autora propõe a concepção de uma articulação entre prazer e felicidade. Não há qualquer oposição entre eles. É necessário acolher múltiplos prazeres, incluindo os mais modestos e simples, a fim de nos abrirmos à felicidade. Mas esses prazeres só nos dão acesso à felicidade se estiverem integrados a uma vida que tenha sentido, ou que ganhe sentido.

O par "prazer e sentido" merece ser realçado: prazer sensorial, mas também prazer da "alma", como a alegria do amor; e sentido, que dá lugar a um humano que se realiza por meio de seu poder de pensamento, com a condição de também reconhecer sentido e valor na menor de suas experiências corporais, em suas sensações e impressões.

Seu pensamento também toma em consideração os obstáculos à felicidade, tanto externos como internos, extravios daquilo que sustenta a vida. Pode-se dizer que, com seu livro, Marion Minerbo nos convida a reconhecer os elementos do funcionamento psíquico que favorecem a felicidade e que parecem tão simples para uns e tão complicados, ou mesmo inacessíveis, para outros.

Dominique Bourdin
14 de agosto de 2022

*Psicanalista, membro efetivo da Sociedade Psicanalítica de Paris,
professora associada de filosofia e doutora em psicopatologia clínica.*

Inconsciente e felicidade

Antes de começar, gostaria de confessar a você, caro(a) leitor(a), meu medo em tratar de um tema que tem sido abordado há mais de 25 séculos por pessoas incomparavelmente mais competentes do que eu. Se ouso me aventurar é porque acho que a psicanálise pode contribuir com o debate. É uma abordagem diferente da filosofia e da autoajuda, porque supõe, em seu cerne, a existência de um inconsciente vivo que produz continuamente efeitos concretos na vida das pessoas.

Não pretendo negar a importância dos fatores externos. Mas sabemos que há pessoas felizes em condições de vida difíceis e outras infelizes mesmo quando tudo vai mais ou menos bem. E isso acontece porque interpretamos tudo o que nos acontece a partir do nosso inconsciente. O "estado da consciência plenamente satisfeita" – que é a definição de felicidade nos dicionários – depende muito de como "lemos" o mundo e a nós mesmos.

É por isso que acho difícil mudar certo tipo de funcionamento inconsciente por meio de um esforço consciente, por algum tipo de prática ou de exercício. Como todo psicanalista sabe, "o Eu não é senhor em sua própria casa" (Freud, 1917/2014). Ele manda pouco porque está o tempo todo fazendo o meio de campo entre as forças sísmicas das pulsões, as injunções muitas vezes absurdas do supereu e a realidade, que insiste em não se dobrar à nossa vontade.

Mesmo assim, em certas condições, a felicidade é possível. Foi por isso que me animei a tentar identificar quais são as condições psíquicas que tornam a experiência de felicidade possível e quais a tornam mais rara e difícil. Tais condições subjetivas tornam uma pessoa *apta*, quer dizer, *capaz de experimentar* momentos de felicidade, o que não é uma garantia de que isso acontecerá, muito menos o tempo todo.

Embora todos queiram ser felizes, e a felicidade seja até considerada um direito do cidadão (Ismail Filho, 2017), nem todos têm a *aptidão psíquica* necessária para isso. Muitas pessoas não conhecem e talvez não sejam capazes de experimentar esses momentos de plenitude e de satisfação a que chamamos de felicidade. Podem conhecer, é claro, alívio do sofrimento, mas isso não é o mesmo que felicidade, pelo menos em sua vertente progressiva.

Vou retomar essa ideia adiante, mas por enquanto gostaria de diferenciar, com Bourdin (2000, 2012), felicidade progressiva de felicidade regressiva. Ela é regressiva quando o sujeito busca recuperar a plenitude do "paraíso perdido" a qualquer preço. Nessas situações há sempre um fundo melancólico, já que esse luto nunca foi realizado. Estamos no campo do sofrimento narcísico-identitário. E a felicidade é progressiva quando o sujeito (normoneurótico) é capaz de aceitar emocionalmente que o paraíso foi perdido para sempre e, ainda assim, sente que a vida vale a pena.

Eu dizia, então, que muitas pessoas não têm o "equipamento psíquico" necessário para experimentar momentos de felicidade progressiva. Isso não deveria ser uma surpresa, já que todos conhecemos pessoas que não são capazes de experimentar *gratidão* por aquilo que recebem, ou de sentir *preocupação e empatia* pelo sofrimento do outro, ou ainda *culpa* por ser responsável por sua dor. Assim como a felicidade progressiva, esses são afetos sofisticados do ponto de vista psíquico.

Não me entenda mal. Não estou fazendo uma condenação moral. Estou apenas constatando que certo tipo de funcionamento psíquico não favorece a experiência genuína de alguns afetos. Também não estou afirmando que, se alguém não tem aptidão para a felicidade, é sua culpa. Ao contrário: se isso acontece, é porque não encontrou no vínculo intersubjetivo precoce as condições necessárias para construir essa aptidão.

Voltando aos fatores externos, todos concordamos que é difícil ser feliz em *situações extremas*, como as de guerra, falta de liberdade, miséria ou doença grave. Ao introduzir o conceito de inconsciente no debate, a novidade trazida pela psicanálise é que "situações extremas" não precisam estar acontecendo no presente. Elas podem ter acontecido no passado, só que continuam vivas no presente, determinando nossa maneira de pensar, sentir e agir.

O que seriam "situações extremas" acontecidas no passado? Não me refiro a fome, espancamentos ou abusos, e sim a *microviolências e microabusos cotidianos*. Invisíveis a olho nu, elas são muito mais comuns do que se pensa. É o que o psicanalista chama de "o traumático", ou "trauma precoce". O inconsciente é o *passado que não passou*. É a *memória sem lembrança* da dor e da angústia ligadas ao trauma precoce, isto é, a situações extremas vividas na infância.

Dito de outra forma: se o inconsciente é o registro vivo de situações extremas vividas no passado, então, *mesmo na ausência de situações extremas atuais*, a memória sem lembrança dessas microssituações se infiltra na maneira com que enxergamos o presente e nos *retraumatiza*. Para estancar essa dor, o sujeito será obrigado a construir sua vida no "modo defesa", o que vai consumir sua energia vital e limitar suas possibilidades de desfrutar a vida.

Por isso, a pior coisa a se dizer a alguém que está infeliz é "você tem tudo para ser feliz". Não é verdade: nós sabemos que, enquanto o traumático não for elaborado, o passado não passou e pode continuar nos assombrando em cada esquina. Mesmo se a vida está sendo consumida no "modo defesa", devemos lembrar que ainda é a melhor solução que a pessoa encontrou para lidar com situações emocionais adversas e seguir em frente. Posto isso, fica claro que, infelizmente, nem todas as organizações psíquicas estão aptas a experimentar momentos de felicidade (progressiva).

Antes de continuar, gostaria de esclarecer duas coisas.

A primeira é que você não vai encontrar neste livro nenhuma dica ou exercício para ser mais feliz. Não é um livro de autoajuda. É um livro de psicanálise. Quero tentar compreender a experiência de felicidade de um ponto de vista psicanalítico.

A segunda é que, quando falo em *aptidão* à felicidade, isso não significa *garantia* de felicidade, mas apenas que essa experiência é possível e está ao alcance. Significa que o "equipamento psíquico" – o chip – para essa experiência está disponível e pode ser ativado.

Felicidade, uma experiência heterogênea e complexa

Tradicionalmente, a felicidade é um tema da filosofia, termo que significa "amor à sabedoria". Para essa disciplina, que trabalha com categorias abstratas e universais, a questão não é buscar a felicidade, mas a sabedoria, pois é ela que permite construir uma vida plena e feliz.

Pretendo fazer o caminho inverso. Apresento aqui os meus pressupostos:

1. Parto do princípio de que felicidade é mais do que ausência de sofrimento. É importante dizer isso porque o foco do psicanalista costuma ser o (alívio do) sofrimento psíquico.

2. Entendo que a felicidade tem uma *positividade*, isto é, características que podem ser descritas em si mesmas. Tanto que, se perguntarmos para as pessoas, cada uma terá uma resposta para a pergunta "o que te faz feliz?". Para uma, é viajar; para a outra, estar com os filhos; para uma terceira, trabalhar; e para outra, ainda, ouvir música. É o que cada pessoa chama de "a felicidade para si".

3. Isso mostra que, na prática, a felicidade se manifesta por experiências extremamente *heterogêneas* entre si. O que "viajar" pode ter em comum com "estar com os filhos", com "trabalhar", com "ouvir música"? É a mesma felicidade? Ou são felicidades diferentes?

4. Por ser heterogênea, a felicidade pode ser reconhecida em suas várias e diferentes *ocorrências concretas*. Afinal, como estamos vendo, há muitas *maneiras* e muitos *motivos* pelos quais alguém pode experimentar o *estado da consciência plenamente satisfeita*, que é a definição dos dicionários.

5. O setor do psiquismo engajado na experiência "viajar me faz feliz" não pode ser o mesmo que me leva a sentir que "estar com meus filhos me faz feliz". Se essas várias ocorrências são determinadas por diferentes setores do psiquismo, então a felicidade é uma experiência complexa que pode ser decomposta em seus vários elementos.

6. Respondendo à questão que formulei acima, a heterogeneidade das ocorrências da felicidade não indica "felicidades diferentes", e sim que a *experiência de felicidade pode assumir diferentes formas para cada um de nós*. Nesse sentido, cada uma das formas da felicidade é, em si mesma, uma totalidade. Paradoxalmente, felicidade é sempre a percepção interna de uma completude e, ao mesmo tempo, formas de completude diferentes para cada um.

7. Em outros termos, ao explorar cada uma dessas formas da felicidade, vamos encontrar os diferentes *elementos* que as compõem. Só para dar alguns exemplos do que estou chamando de elementos psíquicos: ter elaborado o luto primário, ter liberdade interna em relação ao objeto primário, ser capaz de experimentar prazer, ser capaz de deslocamento, ser capaz de amor objetal, ser capaz de se deixar transformar

pela alteridade. Como veremos, há muitos outros elementos psíquicos que compõem a aptidão à felicidade.

Sintetizando meus pressupostos: a felicidade se apresenta na vida cotidiana como ocorrências muito *heterogêneas* entre si, cada uma sendo determinada por um setor do funcionamento psíquico. Nesse sentido, a felicidade é uma experiência psíquica *complexa*, que pode ser decomposta em diferentes elementos que participam da aptidão à felicidade.

Minha proposta

Partindo da ideia de que a felicidade se apresenta para as pessoas como ocorrências concretas ("tal coisa me faz feliz"), vou introduzir a discussão sobre os elementos psíquicos que compõem a aptidão à felicidade com vinhetas curtas que servem para descrevê-las. Todas começam com uma caminhada na Costa Rica, país em que morei de outubro a dezembro de 2021, quando comecei a pensar sobre o tema. Serei eu mesma a pessoa comum que traz seu testemunho de um momento de felicidade.

Embora cada vinheta apareça na primeira pessoa do singular, meu objetivo é que todos possam se reconhecer nela. Sei que corro o risco de você, caro(a) leitor(a), achar que elas nada têm de universal e que é muito fácil ser feliz caminhando pela praia na Costa Rica. Mas não é essa minha ideia. Eu gostaria que você pudesse entender a caminhada pela Costa Rica como uma *metáfora de sua própria caminhada pela vida*.

Assim como em sua caminhada pela vida você se depara com vários acontecimentos (internos e externos), as vinhetas começam sempre com uma caminhada pela praia, mas vão incluindo pequenos acontecimentos, ou situações, que exemplificam diferentes ocorrências da felicidade. Imaginei umas trinta vinhetas, que vão das mais simples às mais sofisticadas do ponto de vista psíquico, todas pertinentes e necessárias para dar sabor à existência.

Nessa longa caminhada que é a nossa vida, muitas vezes nos sentimos esmagados pelos acontecimentos. O que cada um faz com isso depende de suas condições materiais, mas também de seu "equipamento psíquico". De modo que, para entender melhor por que certas pessoas conseguem experimentar momentos de felicidade com alguma frequência, enquanto outras têm mais dificuldade, vou colocar em evidência os vários elementos que compõem a aptidão psíquica à felicidade.

Sintetizando, então, minha proposta: vou descrever algumas ocorrências da felicidade para, em seguida, discriminar, explicitar e desenvolver qual o funcionamento psíquico que as tornam possíveis. Tentarei evidenciar os elementos inconscientes que determinam e compõem a aptidão para a felicidade em suas várias ocorrências no cotidiano.

Dois esclarecimentos

Primeiro, duas palavras sobre o título. Você certamente percebeu que *Notas sobre a aptidão à felicidade* é uma paráfrase do trabalho seminal de Melanie Klein (1946), *Notas sobre (alguns) mecanismos esquizoides*. Além do fato de que o termo "notas" corresponde literalmente ao que escrevi, gostaria de deixar claro que, como Klein, pretendo usar apenas instrumentos psicanalíticos para desenvolvê-las.

A referência a um trabalho tão importante é uma confissão de que se trata de um texto pretensioso, no sentido de que pretende dizer algo novo – ou pelo menos de uma maneira nova. Mas, sendo mera paráfrase dessa grande autora, é também modesto: se tenho algo a acrescentar, será principalmente meu método de exposição.

Gosto do bom humor da paráfrase, porque representa o *espírito* com que escrevo este livro, sério e lúdico ao mesmo tempo. Sério, porque estou inteiramente mergulhada no trabalho de pensar psicanaliticamente um tema que acho arriscado; e lúdico, porque não deixa de ser divertido usar situações banais do cotidiano, nas quais espero que você possa se reconhecer.

Mais duas palavras sobre as referências bibliográficas. Em dezembro de 2021, enquanto estava na Costa Rica, escrevi um pequeno texto sobre felicidade para o 28º Congresso Brasileiro de Psicanálise. A ideia de transformá-lo num livro só me ocorreu em julho de 2022, em Berlim, onde morei por três meses, sem uma biblioteca à disposição. Claro que a internet ajuda muito, mas quero esclarecer que boa parte das ideias foram desenvolvidas com base no meu "acervo pessoal", cujas referências estão nos meus livros (Minerbo, 2016, 2019a, 2019b, 2020a, 2020b). Não vejo necessidade de citar tudo novamente.

Por outro lado, usei muito o YouTube. Durante o processo de escrita, escutei diariamente, enquanto caminhava, dezenas de palestras e entrevistas de dois filósofos franceses, Luc Ferry e André Comte-Sponville. Muito do que ouvi serviu-me como fonte de inspiração. Digo inspiração, e não referência, porque esse material me permitiu associar e pensar, mas não consigo citar as frases ou ideias escutadas enquanto caminhava.

Com relação à bibliografia psicanalítica específica sobre a felicidade, constatei que é escassa; com raras exceções, o que encontrei não atendeu às minhas necessidades. Em compensação, você vai ver que me apoiei fortemente em dois textos excelentes de Dominique Bourdin sobre o tema (Bourdin, 2000, 2012). Como, além de psicanalista, ela é filósofa, pude me beneficiar de uma interlocução ao mesmo tempo rigorosa e criativa. Daí também a ideia de convidá-la para escrever o prefácio deste livro. A ela, meus profundos agradecimentos.

Lembro mais uma vez que *aptidão* não é garantia de felicidade, mas sua ausência a torna mais rara e difícil. Vale a ressalva de que essas reflexões psicanalíticas terão o alcance, assim como as limitações, das vinhetas escolhidas. Outras situações permitiriam reconhecer novos elementos psíquicos envolvidos na experiência da felicidade. E vice-versa: várias ocorrências/elementos da felicidade me escaparão porque as vinhetas não são apropriadas para abordá-las. Se aprendi alguma coisa escrevendo este livro foi olhar para o que existe, para o que consegui fazer, e não para o que ficou faltando. Conto com a sua benevolência, caro(a) leitor(a).

Reitero que apresento as vinhetas na primeira pessoa do singular para manter meus pés firmemente ancorados na experiência, e não porque quero falar de mim ou, menos ainda, porque me tomo como modelo de felicidade.

Plenitude, harmonia

O mundo está difícil, mas é bom lembrar que viver nunca foi fácil. Agora, enquanto escrevo, em agosto de 2022, vivemos os efeitos da pandemia, a guerra na Ucrânia, o aquecimento global, uma desigualdade social crescente, escaladas autoritárias em diversos países (inclusive no Brasil); enfim, insegurança generalizada. Está difícil ver a luz no fim do túnel. Apesar de tudo, nos acontece ter momentos de felicidade.

Não me refiro a felicidades artificiais ou a estados maníacos (um triunfo defensivo sobre a dor psíquica), mas sim a coisas simples como estar com amigos, apreciar uma paisagem, celebrar uma conquista, compartilhar momentos preciosos com uma neta. São coisas que me fazem feliz. Sinto que estou exatamente onde quero estar, fazendo exatamente o que desejo, e que isso me basta. Experimento *pequenos momentos de plenitude*, embora pontuais e efêmeros.

De outra natureza é a sensação mais ou menos estável de *harmonia interna*. Esse "estar de bem com a vida e consigo mesmo(a)" não tem a ver com nada em especial, mas me permite curtir um pouco de tudo. É uma felicidade menos intensa do que a primeira, porém mais duradoura e mais tranquila. Poderíamos descrevê-la como certo estado de otimismo e bom humor, não no sentido de ficar dando risada, mas de abertura para a vida. Apesar de tudo, a vida vale a pena, e coisas boas são possíveis. É mais uma disposição interna inespecífica do que uma sensação pontual de plenitude ligada a um acontecimento.

Proponho também uma distinção entre a experiência subjetiva ligada a pequenos momentos de plenitude ("tal coisa me faz feliz") e outra que também é muito intensa: o súbito alívio de um grande sofrimento. Por exemplo, a notícia de que alguém querido já não corre risco de vida. Ou de que, depois de tanto tempo desempregada, finalmente consegui me recolocar. É claro que as recebo com grande alegria. Mas não me vejo dizendo "sair do desemprego me faz feliz".

Sair do desemprego é um alívio diante do desespero de não ter como me sustentar. Tirar o bode da sala é um alívio, tirar um sapato apertado é um alívio. O fim de um sofrimento ainda não é felicidade, mas é o primeiro passo para recuperar alguma harmonia interna e, com ela, a abertura para pequenos momentos de plenitude.

O oposto disso, e numa definição caseira, a infelicidade é uma vida dando murro em ponta de faca, o que produz *mau humor* e *irritação* constante com tudo e todos. Quando a vida é percebida como um grande peso, quando não há perspectiva de prazer, falamos em *humor depressivo*. De um lado, mau humor e humor depressivo e, de outro, estar num humor bom, estar de bem com a vida e consigo mesmo.

As duas formas de felicidade, plenitude e harmonia, são muito bem-vindas; ambas são necessárias e fazem a vida valer a pena. Talvez certa harmonia interna seja até uma condição, já que propicia a abertura necessária para desfrutar de pequenos momentos de plenitude. O importante é que, subjacentes a cada uma delas, vamos reconhecer setores diferentes do funcionamento psíquico.

A *harmonia interna* tem a ver com a capacidade de realizar trabalho psíquico para chegar a um estado mental de maior *integração*. Se for possível aprender com a experiência, vamos amadurecer emocionalmente; com o tempo, nos tornamos mais sábios, para usar um termo da filosofia. Experiências adversas nos tornam mais aptos a ficar de bem com a vida. Como dizem, "o que não mata engorda". Mas às vezes mata.

Já os *momentos de plenitude* parecem estar mais relacionados à capacidade para o *amor objetal* e para estar plenamente no mundo. Quem sabe as próximas vinhetas nos ajudem a reconhecer outros elementos psíquicos que nos tornam aptos a experimentá-los.

Felicidade regressiva, felicidade progressiva

Devo essa distinção a Dominique Bourdin (2000). Como já antecipei na introdução, ela é regressiva quando o sujeito busca recuperar a plenitude do "paraíso perdido" a qualquer preço. E progressiva quando o sujeito aceitou emocionalmente que o paraíso foi perdido para sempre, e mesmo assim a vida vale a pena.

Mesmo uma criança pequena pode experimentar felicidades regressivas e progressivas. Quando mama ao seio, suas necessidades físicas e emocionais estão sendo plenamente satisfeitas, está de volta ao paraíso intrauterino. A felicidade é *regressiva*.

Terminada a mamada, desce do colo e vai explorar o ambiente. Ela está aprendendo a andar. Dá uns passos, cai, se levanta, anda mais um pouco. Quando percebe que está andando, sua expressão é de júbilo. É um momento de *felicidade progressiva*, porque está plenamente no mundo, realizando conquistas importantíssimas e desenvolvendo seu potencial.

Como se vê, há uma diferença entre as duas formas de felicidade, mas uma não elimina a outra. Ao longo da vida, alternamos momentos de progressão e regressão. As vinhetas que você vai ler neste livro funcionam como uma fotografia de um momento de felicidade progressiva, mas sabemos que a vida está mais para um filme do que para uma fotografia.

Digo isso porque não gostaria que você ficasse com a impressão de que sou "a favor" da felicidade progressiva e "contra" a regressiva. Contanto que não haja uma *fixação* do movimento regressivo – por exemplo, numa situação de franca adição a substâncias psicoativas –, ambas têm sua importância e compõem a aptidão à felicidade.

O que dizer a um paciente que nos procura dizendo que não tem prazer com a vida e gostaria de ser mais feliz? Vamos dizer a ele que a felicidade é uma ilusão regressiva, que temos que aceitar a castração e nos conformar com o sofrimento? Ou vamos aceitá-lo em análise?

Como veremos, o maior obstáculo à felicidade é o *medo* em suas várias formas: medo de ser humilhado, de ser desprezado, de não ser suficiente, de não ser amado, de ser abandonado, de não dar conta da vida, de ficar desamparado, de ser odiado, de ser atacado, de ser destruído, de enlouquecer etc. Uma análise pode ajudar a elaborar esses medos, deixando aberto o caminho para que cada um possa construir para si uma vida mais plena e feliz. Nesse sentido, a felicidade não é uma ilusão. De modo que, sim, vamos aceitar esse paciente em análise.

O modelo da felicidade *regressiva* é a vida intrauterina, paraíso em que todas as necessidades eram totalmente satisfeitas, imediata e continuamente, sem depender de ninguém. Como ela tem uma dimensão *ilusória e problemática*, vale a pena reconhecer de que forma e por quais motivos o psiquismo pode ficar *fixado* nessa posição. Há muitas maneiras de tentar recuperar esse (suposto) estado de completude – a completude narcísica.

Alguns buscam essa felicidade por meio de comportamentos excitantes, como divertir-se loucamente (*to have fun*). Outros vão atrás de poder, fama e riqueza, na esperança de não sofrer qualquer tipo de limitação, nem depender de ninguém. Há também adições a situações que produzem adrenalina, a drogas psicotrópicas, ao trabalho, a jogos eletrônicos. Menos evidente é a adição a pessoas, como na paixão amorosa: "o(a) parceiro(a) vai me preencher totalmente e me fazer feliz". Ou ainda a adesão fanática a uma ideologia.

Você já percebeu que a felicidade regressiva é *ilusória* porque o paraíso não existe. Se alguma vez pudemos ter a ilusão de completude, foi porque a mãe-ambiente se esforçou para proporcioná-la. E ela é *problemática* porque, para driblar um tipo de sofrimento – o luto primário –, o sujeito acaba produzindo outro tipo de sofrimento: os sintomas que emperram sua vida. E, como sabemos, *o barato sai caro*.

Um minuto. Espero não ter convencido você, leitor(a), de que certas pessoas tentam driblar o luto primário e acabam pagando caro por esse "pecado". Há um indesejável juízo de valor, disfarçado de teoria, infiltrando essa afirmação. Além disso, é uma afirmação injusta.

Primeiro, porque realizar esse luto não é exatamente *barato*: o ditado popular ("o barato sai caro") não vale aqui porque o trabalho psíquico envolvido é considerável. E, além disso, ele precisará ser retomado toda vez que situações de perda se impuserem ao longo da vida. Os processos psíquicos nunca ficam resolvidos de uma vez por todas. Não dá para "lacrar".

Em segundo lugar, ninguém está tentando "driblar" o sofrimento: simplesmente, o equipamento psíquico é insuficiente para realizar o trabalho psíquico para atravessar o luto. E, em terceiro, se o equipamento psíquico é falho, é porque, de algum modo, o ambiente não conseguiu atender de maneira suficiente às necessidades emocionais da criança.

Então, *sem julgamento moral*, a felicidade do tipo regressivo é problemática porque produz sintomas e ilusória porque o sujeito não sabe que a experiência "real" de ter vivido no paraíso foi uma ilusão propiciada por um ambiente que se esforçou muito para isso.

Mas a felicidade pode ter também um sentido *progressivo*. Essa felicidade advém de uma vida criativa, da afirmação do ser, da realização do próprio potencial numa vida compartilhada com outros seres humanos. Ela seria a consequência natural de um estar plenamente no mundo, e não de uma volta ao útero.

Nesse sentido, a felicidade não é uma ilusão, mas uma aspiração legítima. Como vimos, não é charlatanismo aceitar em análise o paciente que nos chega querendo ser mais feliz. Aliás, é o caso de todos nós: ninguém busca uma análise só para "se conhecer".

Se adiantasse alguma coisa, ao aceitar esse paciente em análise, poderíamos dizer a ele que, sim, a felicidade é possível, mas ele vai precisar pagar o preço, que não é barato (Bourdin, 2000). Há três condições básicas:

1. Reconhecer emocionalmente que a conflitualidade psíquica é inevitável e constitutiva do ser humano.
2. Aceitar emocionalmente a realidade, no sentido de que o mundo não se dobra à nossa vontade.
3. Aceitar emocionalmente a incompletude inerente à condição humana.

Além disso, a criatividade psíquica precisa estar suficientemente desbloqueada, e a libido, disponível para o prazer de viver. Segundo essa autora, uma vida criativa é aquela que tem a consciência de se construir e que não tem medo de se transformar.

Poder fazer uso da criatividade psíquica para construir a vida de acordo com seu desejo é fonte de prazer, alegria e felicidade.

Ao avaliar as condições que acabo de elencar, o paciente pode responder que o preço é exorbitante. De certa forma, ele tem razão. Mas não pagar o preço sai muito mais caro: uma vida inteira dando murro em ponta de faca.

Perguntei a algumas pessoas "o que te faz feliz?". As respostas foram muito variadas: correr uma maratona, ler, estar com amigos, cozinhar, viajar, conectar-se com os filhos, fazer trabalho voluntário. Quanto a mim, imaginei umas trinta vinhetas, cada uma descrevendo uma situação que me faz feliz. Como já anunciei, todas começam com uma caminhada pela praia na Costa Rica, metáfora da nossa caminhada pela vida e de seus diversos acontecimentos. Vamos a elas!

Desejo como falta, desejo como potência

> *Estou aqui na Costa Rica. Encerro meu dia de trabalho e vou fazer minha caminhada diária pela praia. Tenho prazer em sentir o corpo enquanto aprecio a paisagem. Caminho há duas horas, o sol está escaldante, tenho sede. Adoraria tomar uma cerveja bem gelada. E não é que encontro um barzinho? Poder saborear essa cerveja me faz feliz.*

Essa vinheta é muito simples e serve para nos introduzir no princípio do prazer. Ou melhor, em uma releitura ampliada do princípio do prazer.

Segundo Freud, o aumento de tensão no aparelho psíquico produz desprazer; a diminuição da tensão pela via da descarga produz prazer. A pulsão move a vida psíquica em busca do prazer. Repetidas experiências de prazer deixam marcas que vão constituir o objeto do desejo. Esse objeto é continuamente deslocado para novos objetos, de modo que, assim que realizamos um desejo, surge outro.

Tenho sede, desejo uma cerveja gelada, tomo a cerveja, mato a sede. Poderia parecer, então, que a felicidade seria a *possibilidade de realizar todos os desejos*. Só que não.

Por um lado, se isso acontecesse, se conseguíssemos uma tensão zero no aparelho psíquico, não ficaríamos felizes, mas entediados. Não haveria mais nada para desejar. Mataríamos o desejo, que é o motor da vida psíquica.

Por outro lado, por sorte, é impossível satisfazer todos os desejos. Enquanto há vida, há pulsão. O desejo é constitutivo do humano, assim como a interdição à satisfação irrestrita de todos os desejos (Freud, 1929/2010). Como o objeto do desejo se desloca de uma representação a outra, de certa forma estamos eternamente insatisfeitos.

Será, então, que o desejo é o vilão da história? Já que o desejo é insaciável, é impossível ser feliz? Ou então, para ser feliz, não seria melhor desapegar de todos os desejos?

Por um lado, é impossível deixar de desejar. Só os melancólicos já não desejam nada, mas não por lucidez, e sim por desistência. Por outro lado, existem situações em que realizamos o desejo e não ficamos entediados. Ao contrário, ficamos genuinamente felizes!

O desejo não pode ser o vilão da história! Só que, para que a felicidade seja possível, é preciso ocupar em relação a ele uma *posição subjetiva* muito específica (Bourdin, 2012). O desejo não pode ser vivido apenas como *desejo daquilo que me falta*, caso em que ele será, de fato, insaciável, pois sempre falta alguma coisa. É preciso aceder à dimensão afirmativa do desejo – *o desejo daquilo que sou, daquilo que existe e daquilo que tenho*. Nessa posição, há uma afirmação da vida e do prazer de viver.

É nessa posição que a felicidade progressiva é possível. Bourdin cita Spinoza, para quem desejo não é falta, mas *potência*: de existir, de agir e de desfrutar a vida. A ideia fica clara se diferenciamos a *fome*, que é o sofrimento pela falta de comida, do *apetite*, que é a potência para desfrutar uma refeição. De modo que o desejo também pode ser visto como apetite pela vida, e não como *falta*.

Voltando à caminhada. Estou com sede, desejo uma cerveja. Mas você vai concordar comigo que, se fosse só para matar a sede, bastaria um copo de água. Pensando bem, além da descarga de tensão (matar a sede), há um prazer sensorial que acompanha a realização do desejo (com uma cerveja). Mas a experiência é ainda mais complexa: se tomo a cerveja e me sinto plenamente satisfeita, é porque tudo isso envolve o *meu ser como um todo*, o que inclui o *contexto* em que desfruto essa bebida.

De fato, não é qualquer cerveja, em qualquer lugar, que me faz feliz. É *essa* cerveja que desfruto depois de uma longa caminhada à beira-mar. E isso porque, nesse contexto, ela *faz sentido*: ela acrescenta mais um prazer ao meu prazer de estar viva; é uma maneira de afirmar meu amor e meu apetite pela vida.

O princípio do prazer continua aí, mas numa versão mais complexa. Veja como a discussão vai ficando interessante:

- Quando ocupo certa posição subjetiva, desejo o que me falta. Como o desejo é insaciável, a felicidade parece impossível.
- Mas, quando ocupo outra posição subjetiva, desejo é apetite pela vida. E aí o cenário é outro: *desejar é uma aptidão para a felicidade*.

A cerveja é a cereja do bolo, sem dúvida. Mas, para ser honesta, o próprio passeio já me faz feliz, com ou sem cerveja. Aqui fica bem claro que nem sempre o desejo está relacionado a uma falta, pois não há uma "falta" impulsionando meu desejo de passear. Desejo essa caminhada simplesmente porque amo fazer caminhadas.

Recapitulando. Partimos da função *fisiológica* (matar a sede); avançamos para o prazer *sensorial* (realizar o desejo de cerveja); incluímos o contexto (que dá um *sentido* a essa cerveja); e desembocamos no *amor* (pela caminhada). Juntando tudo, o desejo que está sendo realizado não é só o de fazer uma caminhada pela praia, nem só o de tomar uma cerveja: tudo isso se articula a um desejo mais amplo, que é o prazer de viver.

Essa releitura ampliada do princípio do prazer nos ajuda a compreender por que desejar é um primeiro elemento, talvez o mais básico, que compõe a aptidão à felicidade. A realização do desejo proporciona um prazer sensorial, mas também um "prazer da alma", quando se desfruta daquilo que se ama. Realizar um desejo e sentir prazer me fazem feliz, mesmo que daqui a pouco venha a desejar outra coisa.

Matar o desejo, matar a saudade

Estou aqui na Costa Rica há um mês. Todos os dias, depois do trabalho, faço uma longa caminhada pela praia. Mas há dez dias peguei covid e fiquei trancada em casa. Hoje, finalmente, vou poder retomar minha rotina. Reencontro o sol, o mar e a praia. Tudo me parece muito maravilhoso. A cerveja não faz a menor falta. Estar de volta à minha vida me faz feliz.

No capítulo anterior, falei da diferença entre o desejo como *falta* e o desejo como *apetite* pela vida. É evidente que ter sido privada da caminhada por dez dias relança o desejo e aumenta o apetite pela vida. Para se desfrutar de uma bela refeição é preciso estar com alguma fome. Depois desses dias de abstinência, a paisagem de sempre me parece ainda mais bela.

Mas será que podemos generalizar? A falta sempre relança o desejo? Para responder a essa questão, precisamos saber do que foi, exatamente, que senti falta.

Primeiro, posso dizer que senti falta de um *prazer sensorial*: durante dez dias deixei de desfrutar de uma bela paisagem. Mas senti falta também de um "*prazer da alma*": enquanto estive doente, usufruí menos da vida, vivi menos, com menos potência, com menos alegrias.

E qual foi o *sentido* que dei à privação pela qual passei? Isso depende da história de cada um. E se aquela fosse minha primeira viagem ao exterior? E se fosse a única oportunidade de conhecer a Costa Rica?

Como estava morando temporariamente na Costa Rica, sabia que iria retomar meus passeios em breve. Mesmo assim, senti falta da liberdade de ir e vir. Senti falta da rotina, fiquei sem chão, sem uma atividade com a qual eu contava e sobre a qual me apoiava. Fiquei meio perdida, sem minhas referências habituais. Aqui, a privação pela qual passei não é vivida como falta (de prazer), mas como sofrimento.

De modo que, no nível do *prazer sensorial*, a falta relança o desejo. Mas no nível do Eu, que é onde se constrói o *sentido*, a falta é vivida como *privação* e produz sofrimento. Isso fica claro se pensarmos em quem não tem acesso ao básico. Não faz nenhum sentido dizer que a falta relança o desejo. Trata-se de privação, o que dá um sentido muito doloroso àquilo que falta.

Ou seja: a abstinência (pense na abstinência sexual) relança o desejo, mas a privação, não: ela só produz sofrimento.

Entende-se, então, o grande prazer que experimentei quando retomei minhas caminhadas depois de um período de abstinência. Há mais algumas considerações interessantes sobre a relação entre falta e desejo.

É muito bom poder realizar o desejo, mas realizá-lo todos os dias acaba por *matar o desejo*, como se diz em português. Pessoas que têm tudo, ou que podem ter tudo, acabam se tornando indiferentes a coisas que, para outras, são fontes de prazer e alegria. Mas isso nem sempre é verdade. Tomo banho todos os dias, e todos os dias "estou presente" naquele momento, curto a água quente e a sensação de recomeço que ela me proporciona, tomar banho sempre me faz feliz. Da mesma forma, nunca fico enjoada de sair para minhas caminhadas.

O aparente paradoxo se dissipa quando percebemos que podemos "sentir falta da caminhada" em dois planos metapsicológicos distintos. Um deles é o que acabamos de ver: foram dez dias de abstinência em relação a um prazer. Mas também é verdade que durante dez longos dias fiquei afastada de algo que amo. E aqui temos que introduzir uma palavra nova: *saudades*. Morri de saudades de andar na praia, de ver as rochas e de sentir o sol e o vento. Aqui já não cabe falar em abstinência de um prazer, mas de saudades de um amor.

De modo que, sim, realizar o desejo todos os dias pode matar o desejo, mas conviver todos os dias com um objeto de amor não faz com que eu o ame menos. Ao contrário, me faz feliz. Depois de dez dias presa em casa, a caminhada me dá *prazer* porque estava em abstinência e finalmente realizei um desejo. E me faz *feliz* porque estava com saudades e finalmente pude reencontrar um amor. Esses dois planos se articulam e potencializam. Desfrutar daquilo que se ama e amar aquilo de que se desfruta são elementos que compõem a aptidão à felicidade.

(Adiante você encontrará duas vinhetas sobre o amor.)

Duas maneiras de interpretar a realidade

A caminhada pela praia é mais difícil do que esperava. Sob um sol escaldante, procuro um barzinho para descansar e tomar uma cerveja gelada. Enquanto isso, vou descobrindo a geografia deste lugar: pirambeiras, rochas e trilhas puxadas dentro da floresta. É possível sofrer e ser feliz? Depende de como interpreto a realidade.

Como foi dito na introdução, é a partir do nosso inconsciente que interpretamos tudo o que nos acontece. É isso que determina a possibilidade de experimentar, ou não, um momento de felicidade. Tudo vai depender de como leio a realidade, de como interpreto o desconforto e o esforço que precisei fazer durante o passeio de hoje. Vou apresentar aqui duas maneiras opostas de ler a realidade em termos de aptidão à felicidade.

Primeira interpretação (zero aptidão para a felicidade)

Posso interpretar as dificuldades que encontrei como algo intolerável: aquelas pirambeiras não deveriam existir; deveriam ter colocado um teleférico; deveriam ter colocado quiosques com cerveja; deveriam ter me avisado que as trilhas são difíceis. Não é justo que um mero passeio me exija tanto esforço. Vim aqui para curtir, não para sofrer. Não estão nem aí com os turistas (não estão nem aí comigo). Eu deveria ter ido a um *resort*, tem cerveja no bar da piscina, não preciso fazer todo esse esforço só para me sentar neste barzinho e tomar uma cerveja.

Como entender tamanho ódio à realidade (da Costa Rica)? A Costa Rica está sendo vivida alucinatoriamente como a Mãe Absoluta. Esse objeto interno/externo tem o poder e a obrigação de atender a todas as minhas necessidades e de me poupar de qualquer sofrimento. Ele me deve gratificação total, imediata, contínua e sem falhas.

A expectativa de gratificação absoluta indica que não consegui realizar o luto originário[1] (Racamier, 1993). Continuo acreditando que existe uma Mãe Absoluta que pode tudo. E, se ela não me dá tudo, só pode ser por um motivo: não está nem aí para mim, não se importa comigo, eu não significo nada para ela. A dor da ferida

---

1 "Luto originário designa o processo psíquico fundamental pelo qual o Eu, desde seus primórdios, antes mesmo de sua emergência, e até a morte, renuncia à posse total do objeto, faz o luto da união narcísica absoluta. . . . Por meio de um luto que funda suas próprias origens, o Eu faz a descoberta, ou a invenção do objeto e, por consequência, de si mesmo, graças à sua interiorização. O Eu estabelece suas origens ao reconhecer que ele não é senhor absoluto de suas origens. Ele se descobre perdendo-se [de si mesmo]: esse é o paradoxo identitário" (Racamier, 1993, tradução livre).

narcísica não é percebida porque é imediatamente transformada em ódio à realidade.

Você já entendeu que a Mãe Absoluta está sendo transferida (é uma transferência psicótica) para a paisagem da Costa Rica. Estou com ódio da Costa Rica porque ela poderia, mas se recusa, a colocar um teleférico, a providenciar um caminho pavimentado com quiosques com cerveja e Coca-Cola para que eu não passe sede. E, se não há teleférico nem quiosques, é porque ninguém se importa comigo, o que é uma ofensa narcísica intolerável.

Nesta maneira de interpretar a realidade, a intensidade da reação mostra que a situação tocou num nervo exposto e produziu um retraumatismo. "A Costa Rica não está nem aí para mim" é uma reedição alucinatória de uma decepção narcísica primária (Roussillon, 2014). O bebê vem ao mundo com expectativas, quer dizer, com a preconcepção inata de encontrar algo próximo ao ambiente intrauterino. Quando a mãe-ambiente não atende de modo suficiente as expectativas, o que se produz é uma decepção narcísica primária, que deixa como cicatriz um "nervo exposto". O mesmo nervo que produz a dor narcísica que acabamos de ver, com o consequente ódio à realidade.

Em outros termos, *o passado não passou*. O inconsciente continua vivo, produzindo efeitos concretos na minha vida, que é exatamente o sentido que dou a cada trilha mais íngreme que encontro na Costa Rica. Essa interpretação da realidade ("não está nem aí comigo") reabre a ferida narcísica e ela volta a sangrar.

Você já percebeu que o luto originário é fundamental. Vou dedicar três capítulos a ele. Na verdade, vou abordar o luto em duas vertentes solidárias, duas faces da mesma moeda: o *luto primário*, que me torna capaz de aceitar emocionalmente que não sou o centro do mundo, não sou especial, não sou melhor do que os outros. E o *luto originário*, que me torna capaz de aceitar emocionalmente que a Mãe Absoluta não existe, o mundo não gira em torno de mim, não está aí para me gratificar, não me deve nada.

Quero deixar claro que não estou falando da perda de um ente querido, quando estaríamos diante de um luto secundário. O luto primário se aplica à perda de uma *posição subjetiva*.

Outra coisa: o processo de luto não depende de uma decisão consciente. Tem que cair uma ficha emocional. Estou falando da *integração desse duplo aspecto da realidade*: não sou a medida de todas as coisas + o mundo (os outros, a vida) é o que é, ele não me deve nada.

Vale a pena repetir: luto primário e originário são duas faces da mesma moeda. Se faço essa distinção, é por sua utilidade para a escuta analítica: certo material clínico pode mostrar em primeiro plano a dificuldade com o luto primário, outro material clínico estará enfatizando o luto originário. Veja só:

- Um paciente pode estar furioso com o mundo por não ser tratado com o devido respeito. A *ferida narcísica* nos indica que ele ainda se vê como especial.
- Outro paciente pode estar frustrado e decepcionado porque o mundo lhe deve. Aqui, a *decepção narcísica* nos mostra que ele ainda tem expectativas da ordem do Absoluto.

Resumindo. A ausência de teleférico e meu suor ao enfrentar as pirambeiras mostram duas coisas: 1) não sou o centro do mundo, e 2) o mundo não está aí para me gratificar. Se eu não puder aceitar isso, não vou conseguir desfrutar de nada, vou me decepcionar com tudo e vou me ofender o tempo todo. Uma vida dando murro em ponta de faca. É a própria definição de infelicidade.

Segunda interpretação (aptidão à felicidade)

Mas eu posso interpretar a mesma realidade – as mesmas trilhas íngremes – de uma maneira completamente diferente. "Que maravilha, então essa é a Costa Rica! Aprecio a natureza virgem, fauna e flora exuberantes. Alegra-me ver que preservaram a identidade e a cultura, dá para perceber a consciência ecológica. Seria uma pena se o charme do lugar fosse destruído por um teleférico, ou por quiosques com refrigerantes e cervejas. Sofro só de imaginar o lixo que tudo isso produziria, desvirtuando totalmente esse espírito."

As mesmas pirambeiras agora são vividas como parte integrante da experiência que eu buscava. Foi para isso que vim até aqui. Se o pôr do sol é magnífico, se há cachoeiras, tantos macacos e araras, é justamente por causa dessas montanhas e florestas. O diálogo infinito entre o Pacífico que, selvagem, corrói as rochas – as mesmas que machucaram meus pés! – torna essa região única! Quem não subiu e desceu aqueles morros não conheceu essa costa da Costa Rica.

A realidade é o que é. Posso gostar ou não daqui. Posso querer ficar ou ir embora. Mas a realidade não me deve nada, nem é "contra mim". Interpreto o esforço como um meio necessário para desbravar e desfrutar deste local. Apesar de algum sofrimento, tenho prazer com o próprio processo. Eu me orgulho da minha conquista, e isso me faz feliz.

Não busco o conforto de um *resort*. Ao contrário, valorizo o turismo ecológico. O *sentido* que dou a essa caminhada me aproxima do meu ideal do Eu. Meu narcisismo também está envolvido, mas, em vez de ofensa, como na interpretação anterior, o esforço é uma confirmação do meu valor e aumenta minha autoestima.

Sintetizando. Essa segunda maneira de interpretar a realidade me permite desfrutar do lugar – *prazer objetal*. E permite que me orgulhe da minha capacidade de enfrentar obstáculos e de realizar conquistas – *prazer narcísico*.

Retomando a comparação entre as duas interpretações da realidade.

Na primeira interpretação, antes do luto primário, a *libido narcísica predomina*: tudo é autorreferido, o único investimento possível é no próprio Eu; a libido objetal reflui, não consigo investir no objeto, não consigo me abrir para o mundo, não consigo gostar de nada, ter prazer com nada, sou puro ódio e ressentimento. Zero aptidão para a felicidade.

Na segunda interpretação, o *equilíbrio entre libido narcísica e objetal* mostra que o luto originário foi realizado e integrado de modo suficiente. Meu "equipamento psíquico" se torna mais sofisticado e mais robusto:

- Do lado da libido narcísica, descubro que sou persistente, minhas conquistas me aproximam do meu ideal, isso aumenta minha autoestima. Sou capaz de sentir alegria e satisfação com minhas conquistas.
- E, do lado da libido objetal, me torno capaz de enxergar e de fazer vínculos com o mundo, de descobrir um lugar novo e de desfrutar da sua beleza. Sou capaz de sentir prazer com minhas descobertas.

Quando interpreto a realidade como oportunidade de afirmação narcísica e, ao mesmo tempo, como possibilidade de desfrutar plenamente do que existe, alegria e prazer se articulam e potencializam. Conseguir equilibrar investimentos narcísicos e objetais indica a presença da aptidão à felicidade.

Aceita uma Coca-Cola?

Estou caminhando há horas. Estou cansada e sinto sede. Encontro, finalmente, um barzinho. Aliviada, entro e peço uma cerveja gelada. O garçom responde que, infelizmente, a cerveja acabou. Aceito a Coca-Cola que ele me oferece ou procuro outro bar?

Será que consigo me contentar com uma Coca-Cola e ficar feliz? O objeto do desejo é mesmo contingente, como diz Freud? Ele pode ser substituído por outros, sem prejuízo da satisfação da pulsão? Sou capaz de deslocamentos?

Para que eu seja capaz de deslocamentos, o objeto em questão – no caso, a cerveja – tem que fazer parte da minha economia libidinal, e não da minha economia narcísica. Em outros termos, ela tem que ser um *prazer*, e não uma questão de *vida ou morte*. Curto uma cerveja, mas também posso curtir uma caipirinha, um suco de laranja e até uma Coca-Cola. Graças a isso, consigo enfrentar as frustrações que a vida me impõe, o que me ajuda a viver. Posso ter minhas preferências, mas consigo me contentar com substitutos.

Isso porque os investimentos libidinais podem ser transferidos de um objeto a outro, contanto que guardem alguma relação entre si. Até certo ponto, o seio, a mamadeira, a chupeta e o dedo podem se equivaler porque todos atendem ao erotismo oral. Nesse sentido, o objeto do desejo é contingente. É o caso das organizações neuróticas. Naturalmente, o limite do deslocamento aqui é a fome.

Já o objeto que faz parte da minha economia narcísica é o objeto da necessidade. A relação com ele é de dependência absoluta, o deslocamento não é possível. Se eu for alcoolista, a cerveja não entra como prazer, mas como necessidade, porque dependo do álcool para me manter organizada psiquicamente. Com a cerveja, eu me sinto viva e a vida vale a pena. Sem ela, a vida se torna escura e sem graça. Nessas condições, não posso aceitar uma Coca-Cola de jeito nenhum. É o caso das organizações predominantemente não neuróticas.

Você já percebeu que, para uma organização não neurótica, a margem de manobra para lidar com as frustrações da vida é pequena, já que não dispõe da possibilidade de deslocamento. É possível que eu nem saia para uma caminhada se não souber de antemão que vou encontrar um bar com cerveja. É possível que eu diga a mim mesma que detesto caminhadas. É a racionalização possível. A vida se torna mais difícil e sofrida. É nesse contexto que, para atenuar a frustração e o desespero (por não contar com o objeto da necessidade), busca-se *alguma felicidade regressiva*.

Por sorte, mesmo um pouco frustrada, consigo me contentar com a Coca-Cola que o garçom me oferece. Há várias outras coisas que posso curtir nesse bar: mato a sede, descanso à sombra das árvores, aprecio a paisagem, e tudo isso também é muito bom. Não preciso sair daqui e ir atrás de outro bar até conseguir uma cerveja.

A capacidade de deslocamento é importante para poder renunciar temporariamente ao objeto do desejo. Mas, se eu não ficar pelo menos um pouco frustrada, é porque estou desconectada do meu próprio desejo. A defesa pode ser eficaz, até consigo não sofrer, mas é difícil ser feliz se não faço questão de nada.

Do ponto de vista do deslocamento, então, a aptidão à felicidade implica um equilíbrio entre ser capaz de aceitar uma Coca-Cola, mas sem me tornar indiferente à cerveja para negar a frustração. Tolerar a frustração e aceitar substitutos sem negar a importância do que se deseja é um elemento que compõe a aptidão à felicidade.

Luto e saída do narcisismo primário I

> *Saio para uma caminhada pela praia. O lugar é bonito, as rochas e pirambeiras exigem esforço, o sol está quente. O bar não tem cerveja, mas o garçom me oferece uma Coca-Cola. Poder descansar, curtir o lugar e matar a sede é suficiente; experimento um momento de felicidade.*

Chegou a hora de falar do luto e da saída do narcisismo primário, processos solidários que são a condição absolutamente necessária para a aptidão à felicidade. Para não ficar cansativo e para desenvolver o tema no espaço que ele merece, desdobrei esta mesma vinheta em três capítulos.

Na vinheta anterior, vimos a importância do deslocamento, que está no plano *econômico* da metapsicologia: a libido originalmente dirigida à cerveja está sendo transferida, investida, deslocada para outra representação, a Coca-Cola. Mas a mesma vinheta poderia ser trabalhada também em outro plano metapsicológico: o do luto e da simbolização.

Posso aceitar o refrigerante no lugar da cerveja se eu puder fazer o luto da cerveja; e consigo fazer esse luto se a Coca-Cola puder valer para mim como símbolo da cerveja.

Como a Coca poderia simbolizar a cerveja? As duas bebidas têm vários elementos em comum: ambas são borbulhantes, geladas, refrescantes e matam certo tipo de sede. O refrigerante não é a cerveja, mas *representa* a cerveja, o que me permite fazer o luto pela "cerveja perdida".

Como você vê, aqui já nos encaminhamos para a ideia de luto primário, pois simbolizar e fazer o luto são processos solidários: não há luto sem símbolo, e o símbolo já encaminha o luto.

Uma observação importante. A questão do luto terá que ser articulada à ideia de saída do narcisismo primário, como indica o título deste capítulo. Em planos diferentes, as duas abordagens dão conta do mesmo trabalho psíquico:

- O luto enfatiza o trabalho *(intra)psíquico* que cada um tem de realizar por si mesmo e que não pode ser terceirizado.
- A saída do narcisismo primário enfatiza a dimensão *processual* da mudança de posição subjetiva que depende também do ambiente.

Veja só: o trabalho psíquico do luto é individual, intrapsíquico, e *enfatiza o que o sujeito perde*. A saída do narcisismo primário se dá no campo intersubjetivo e *enfatiza o que o sujeito ganha*. Mantenho um suspense sobre o que se perde e o que se ganha. Por enquanto, só quero adiantar que são vértices, ou planos diferentes, de abordar a mesma *revolução subjetiva*, sem a qual a felicidade é difícil. Em vez de escolher um ou outro, vou apresentar os dois.

Começo com o luto.

Na verdade, trata-se de um luto duplo: primário e originário. Pode parecer que é a mesma coisa, mas você vai ver que há uma diferença conceitual, o que ajuda a escutar nossos pacientes.

- O *luto primário* é o processo pelo qual conseguimos integrar psiquicamente a perda da posição subjetiva na qual eu pensava/sentia/agia como se eu fosse o centro do mundo: Sua Majestade, o Bebê. Essa vertente do luto diz respeito ao Eu, à perda de uma maneira de enxergar e interpretar *a mim mesma. Sou especial, o mundo me deve.*
- O *luto originário* é o processo pelo qual conseguimos integrar psiquicamente a perda do objeto da gratificação absoluta, posição subjetiva na qual eu esperava que algo, ou alguém, me preenchesse totalmente: a Mãe Absoluta da primeira infância. Essa vertente do luto diz respeito ao objeto, isto é, à perda de uma maneira de enxergar – de ler, de interpretar – *o mundo, os objetos externos, a realidade. O objeto pode e vai me preencher.*

As duas perdas são solidárias, dois lados da mesma moeda. Elas vêm sempre juntas, porque o Eu e o objeto são complementares. O que se perde? Uma posição subjetiva a que chamamos *narcisismo primário*. Essa posição pode ser descrita assim: "o objeto pode e tem a obrigação de me preencher, de viver para mim, porque eu mereço, porque sou especial, e porque sou a única coisa que lhe importa, ou deveria lhe importar". Um rei tem súditos, e os súditos vivem para o rei, um não existe sem o outro. Simples assim.

A perda do narcisismo primário abre espaço para uma nova maneira de enxergar a mim mesma e ao objeto: 1) se eu deixo de ser Sua Majestade, o Bebê, não faz sentido existir uma Mãe Absoluta que viva para mim; e 2) se aceito perder/me separar da Mãe Absoluta, descubro, no mesmo movimento, que não sou Sua Majestade, o Bebê.

Se deixo de ser rei, não faz sentido ter súditos – aliás, nem preciso de súditos. E se os súditos deixam de ser súditos, se deixam de viver para mim, significa que não sou rei, que sou apenas uma pessoa como as outras, que sou como todo mundo. E tudo bem, a vida continua valendo a pena. Vemos pessoas aterrorizadas com a perspectiva de serem apenas *pessoas comuns com vidas comuns* – um paciente tinha pavor de acabar na *vala comum*. Tinha medo de não conseguir fazer o luto e de cair na melancolia.

Mas, quando a coisa funciona mais ou menos bem, acontece uma verdadeira revolução subjetiva. Vimos no capítulo "Duas maneiras de interpretar a realidade" o antes e o depois dessa revolução subjetiva.

Um parêntese. Não se assuste com a ideia de perder a Mãe Absoluta. Isso não significa, de modo algum, perder a relação com a mãe genitora. Aliás, é muito frequente escutarmos por aí que tal paciente "precisa se separar da mãe". Sim, é verdade, mas trata-se da mãe enquanto objeto interno. É preciso conseguir se separar/perder a Mãe Absoluta, e não a mãe de carne e osso, objeto externo. Encorajar o paciente a "se separar da mãe" de carne e osso, mesmo que de maneira sutil, não adianta nada, levanta resistências e leva a atuações. Seria um movimento "comportamental", de fora para dentro. Nós apostamos mais no movimento de dentro para fora, resultante do trabalho psíquico.

Paradoxalmente, quando esse luto duplo pode ser realizado, quando é possível perder a Mãe Absoluta, uma relação forte e viva com a mãe de carne e osso pode nascer. Quando a mãe se humaniza, a qualidade da relação melhora muito, porque o Eu se desenrosca de seu objeto interno. E, ao contrário, quando o luto originário não é realizado de forma suficiente, a relação com a mãe genitora será mais turbulenta. O pior é que a relação com *todos os suportes transferenciais da Mãe Absoluta na realidade* será turbulenta. Murro em ponta de faca.

O importante é que, juntos, esses dois lutos vão estruturar as bases de um Eu mais robusto e mais resiliente às perdas que a vida vai impor. A vida fica mais fácil quando consigo renunciar *emocionalmente* a expectativas que não vão se realizar nunca, porque são da ordem do impossível: nem eu sou rei, nem os outros são meus súditos. Se o luto primário/originário não tiver sido realizado, nenhum luto secundário será possível.

Outra maneira de dizer a mesma coisa é que esse processo instala a *matriz simbólica* que habilita o sujeito a elaborar a dor da perda do objeto. No campo da gravura, uma matriz é uma chapa de cobre na qual se desenhou alguma imagem – por exemplo, com um estilete. Ela será recoberta de tinta, que vai preencher os sulcos deixados pelo instrumento. Em seguida, passará por uma prensa que vai imprimir a imagem no papel. Uma matriz produz sempre a mesma gravura. Cada gravura é, ao mesmo tempo, uma repetição e um original. Fabio Herrmann (2001) concebe o desejo como matriz simbólica das emoções. Tomo emprestado o termo para usá-lo em outro contexto. A matriz do luto é a estrutura psíquica que permite elaborar as perdas sempre que elas se apresentarem ao longo da vida. Cada luto secundário é, ao mesmo tempo, uma repetição – a pessoa já passou pelo luto primário – e um original: a dor é sempre uma dor nova, não há uma "dessensibilização" progressiva. O importante é que, graças à matriz simbólica, as perdas futuras com que a vida vai nos confrontar serão vividas como *falta dolorosa*, e não como *mutilação intolerável*.

Sintetizando: quando se cria a matriz simbólica do luto (para dizer de um jeito mais simples, quando o chip é instalado), ela permite elaborar – sempre com mais ou menos dor, dependendo da perda – todos os lutos secundários.

Inversamente, quando a matriz simbólica do luto não foi instalada, quando o luto não foi realizado, 1) a pessoa continua tendo a expectativa de fazer um passeio perfeito, maravilhoso, sem esforço algum: "aqui está a sua cerveja estupidamente gelada, guardei para você"; 2) a gratificação é exigida para confirmar que, "sim, você é o centro do mundo"; e 3) a frustração é intolerável, porque será interpretada como "você não é o centro do mundo, não estou nem aí para você".

Voltando à nossa vinheta: *o bar não tem cerveja, mas o garçom me oferece uma Coca-Cola. Poder descansar, curtir o lugar e matar a sede é suficiente, experimento um momento de felicidade.* É muito diferente eu sentir que o bar não tem obrigação de ter cerveja para mim ou me revoltar porque o "súdito" não me tratou como eu mereço. Se eu aceito que não sou melhor do que ninguém, é mais fácil me relacionar com a realidade como ela é. E isso é uma aptidão absolutamente necessária para que alguém possa experimentar momentos de felicidade.

Eis aqui, em resumo, as duas faces do luto, duas faces solidárias, dois lados da mesma moeda:

> Luto primário/perda do Eu Absoluto + luto originário/ perda da Mãe Absoluta → se eu não sou tudo, o mundo não me deve tudo.

Graças ao luto, consigo sair do aprisionamento no Absoluto (Mãe Absoluta + Sua Majestade, o Bebê). E consigo sair de outro Absoluto, que é a lógica do Tudo ou Nada. Deixo de enxergar o mundo e a mim mesma na base do "preto ou branco" ou "oito ou oitenta". Essa lógica é terrível porque *infiltra tudo*: o que penso, enxergo ou sinto, *tudo* oscila vertiginosamente entre tudo e nada (e vice-versa). Haja coração para uma vida inteira numa montanha-russa. Veremos isso no próximo capítulo.

Como adiantei anteriormente, o trabalho do luto (Racamier, 1993) é solidário à mudança de posição subjetiva que, com Roussillon (2014), chamamos de saída do narcisismo primário.

Vale a pena sublinhar novamente as diferenças entre ambos os planos.

- O trabalho do luto é essencialmente intrapsíquico e aborda uma renúncia dupla: a ser o centro do mundo e à Mãe Absoluta. Essa abordagem enfatiza o que se perde.
- Abordar a questão em termos de processo de mudança de posição subjetiva, isto é, de saída do narcisismo primário, acrescenta o papel do ambiente e enfatiza o que se ganha ao fim do processo: a descoberta do outro enquanto outro-sujeito.

Chegou a hora de acompanharmos o passo a passo do processo de saída do narcisismo primário para entendermos melhor como se descobre o outro enquanto Outro.

Como todos sabem, Winnicott (1975; 1990/1958) fala sobre a importância da desadaptação progressiva da mãe (ela vai deixando de funcionar como Mãe Absoluta). Ele diz que essa desadaptação vai produzir no bebê uma fúria narcísica (ele percebe que não está mais sendo tratado como Sua Majestade, o Bebê).

É aí que entra a capacidade do ambiente de dar respostas adequadas a essa fúria, indicando, por meio delas, que a mãe "sobreviveu" aos ataques. Mas o que significa dizer que a mãe "sobrevive"? Significa que, mesmo retomando aos poucos sua vida, ela *continua sendo fonte de satisfação e de gratificação,* só que não tão adaptada às exigências narcísicas do bebê. E significa que ela consegue acalmar e restabelecer a comunicação com o bebê, interrompida pelo ataque de fúria.

O garçom não pode me oferecer uma cerveja, não porque não quer, mas porque não tem. Contudo, ele me oferece uma Coca-Cola. Notem que ele não me enxota do bar, não me acusa de estar querendo demais, nem me deixa passando sede. Ele me dá uma resposta *suficientemente adequada*, pois, quando estamos com sede, a Coca-Cola também resolve.

Naturalmente, eu também preciso estar em posição de aceitar o refrigerante. Como disse, não posso ser alcoolista. Não posso ter um ataque de fúria contra o garçom. Nem ser alguém que, só uma vez na vida e outra na morte, teve a alegria de curtir uma cerveja. Preciso ter internalizado experiências suficientes de ter encontrado o que desejo para manter viva a esperança de que o que é bom pode voltar. Hoje não tem cerveja, mas amanhã há de ser outro dia.

Voltando à saída do narcisismo primário, a resposta adequada do ambiente mostra à criança que sua fúria não destruiu a possibilidade de experimentar a satisfação. O prazer não funciona na base do *Tudo ou Nada*. Não é verdade que ou a mãe a gratifica totalmente, ou a criança não representa mais nada para a mãe, ela nunca mais vai voltar, e a vida acabou. Existem prazeres parciais, *prazeres suficientes* – existe a mãe *suficientemente boa*, como nos ensina Winnicott (1975; 1990/1958).

Em outros termos, o ambiente responde de forma adequada sempre que ele *não confirma* nem a fantasia da criança de ter destruído a fonte da satisfação, nem seu funcionamento em Tudo ou Nada. A criança tem a experiência emocional de que a mãe continua cuidando dela e gratificando-a numa medida suficiente. E que *faz isso porque quer*, o que mostra que tem existência própria.

Em outros termos, a distância entre a lógica de Tudo ou Nada da criança e a lógica nuançada da resposta do ambiente possibilita a grande revolução subjetiva: a criança descobre que o outro tem existência própria!

Essa descoberta produz um verdadeiro efeito dominó:
- A criança descobre que não é autora do seu próprio prazer.
- Descobre que sua satisfação depende do objeto.
- Tendo vida própria, o objeto pode ser amado e odiado em si mesmo, e não como extensão narcísica da criança. Nasce a possibilidade do amor objetal, que se compõe com o amor narcísico.
- A criança descobre também que a mãe se afastou porque tem o seu "terceiro". Ou seja, além de ser mãe, ela também é mulher, é uma pessoa, tem desejos próprios etc. Abre-se a possibilidade de conceber emocionalmente a triangulação. A frustração passa a ter um sentido: descobrir que os outros clientes do bar tomaram todas as cervejas deixa de ser uma experiência traumática. Só é chato, frustrante.
- Ao conceber o objeto como outro-sujeito, a criança percebe que também é um sujeito. Algumas das coisas que ela sente vêm dela. Outras vêm do objeto. Se a gratificação não vem, pode não ser por sua culpa, e sim pela depressão materna. Em compensação, se ela sente fome, o desprazer provém do corpo dela, e não da "mãe má".
- E, por fim, descobrir o outro enquanto outro-sujeito significa ser capaz de me relacionar com quem ele é, e não com quem ele deveria ser para me satisfazer. Essa é a condição psíquica para ser capaz de amar o outro (amor objetal) e de sentir gratidão pelo que ele me oferece.

Como você vê, além de ser uma verdadeira revolução subjetiva, a descoberta do outro enquanto outro-sujeito é um divisor de águas no campo da psicopatologia. Antes dessa descoberta: sofrimento não neurótico. Depois dessa descoberta: sofrimento neurótico. Como esse não é nosso assunto, remeto o leitor aos textos em que falo da diferença entre neurose e não neurose.

Sintetizando: o que se ganha com a saída da posição subjetiva do narcisismo primário é a possibilidade de criar um vínculo com o outro enquanto outro-sujeito. O sujeito se abre para a descoberta do amor objetal, o que é essencial para a felicidade, já que muitos prazeres e alegrias da vida acontecem com o outro e graças ao outro. Torna-se possível amar a vida e sentir gratidão pelo que ela nos oferece.

Luto e saída do narcisismo primário II

> *Saio para uma caminhada pela praia. O lugar é bonito, as rochas e pirambeiras exigem esforço, o sol está quente. O bar não tem cerveja, mas o garçom me oferece uma Coca-Cola. Poder descansar, curtir o lugar e matar a sede é suficiente; experimento um momento de felicidade.*

É comum escutar de colegas que tal paciente "se recusa" a fazer o luto. É evidente que ninguém quer abrir mão de dois imensos privilégios: ser o centro do mundo e ter um objeto cuja única razão de ser é me satisfazer de maneira absoluta. Qualquer luto é sempre feito contra a nossa vontade.

Mas é muito injusto acusar alguém de "se recusar a fazer o luto". Por mais que a pessoa queira, esse processo não pode ser realizado por decreto, de fora para dentro. E muito menos sem algum tipo de sustentação emocional. Pois, se o luto primário não foi realizado, é também porque o ambiente não ofereceu ao sujeito as condições para que este realizasse o seu trabalho psíquico.

Mesmo os lutos secundários precisam ser facilitados pelo ambiente. Vejam a diferença entre "Infelizmente não temos mais cerveja. Você aceitaria uma Coca-Cola?" (dito num tom de gentileza) e "Não tem cerveja, se quiser tem Coca-Cola; se não quiser, azar o seu" (dito num tom agressivo ou de desprezo). O tom de gentileza não me deixa pendurada no vazio, ao contrário: indica que o garçom empatiza com minha decepção, me ajuda a sentir que existem alternativas e me convida a experimentá-las.

É bom lembrar que o luto (originário e primário) é um processo lento, longo e doloroso. Além disso, não é definitivo. A cada vez que a vida nos confrontar com uma perda, ela irá acordar as dores do passado, que vão influir em como vamos ler as dores do presente. É nesse vai e vem da temporalidade própria ao inconsciente que o luto será retomado, exigindo sempre mais um esforço, mais uma rodada de trabalho psíquico. E, quando o presente exige demais de nós, a solução regressiva também pode ser necessária.

Winnicott (1975; 1990/1958) aborda o luto como perda de uma *ilusão*. Notem que não é a perda de um objeto, mas de uma posição subjetiva. Inicialmente, o ambiente procura propiciar a *ilusão narcísica primária*. Ele permite que o bebê tenha a experiência suficiente de ser Sua Majestade, o Bebê, isto é, que se sinta o centro do mundo. O bebê, que não percebe quanto a mãe se esforça para isso, interpreta essa adaptação como "que sorte eu tenho, minha mãe é Absoluta!".

O inverso da ilusão narcísica primária é a *decepção narcísica primária*. Essa condição é traumática e deixa falhas e cicatrizes importantes na constituição do Eu. Vai continuar esperando pela adaptação do ambiente a vida toda, e sua vida vai ser uma repetição de decepções narcísicas. Por outro lado, se a mãe se tornar realmente uma Mãe Absoluta, fica difícil para a criança sair da posição complementar de Sua Majestade, o Bebê. Nos dois casos, murro em ponta de faca.

Depois de ter permitido a ilusão narcísica primária, o ambiente começa a encaminhar a desilusão necessária. Ele vai sinalizando que o bebê é importante, mas não é Tudo. Os privilégios serão retirados num *ritmo* e numa *medida* compatíveis com as capacidades de renúncia da criança.

Lentamente, num *caldo afetivo* de tato e empatia, o ambiente ajuda a criança a tolerar duas coisas difíceis: 1) *a dor do luto* e 2) *o ódio pela perda dos privilégios*. Não dá para realizar o luto se o ambiente disser, de forma brutal, "não existe paraíso nenhum, a vida é isso aí, não tem mimimi, viva com isso".

A criança tem de realizar um trabalho psíquico árduo e paradoxal. Tem de construir um bom narcisismo primário com a ajuda do ambiente, para depois sair dessa posição com a ajuda do ambiente. Tem de criar a ilusão de ser autor da própria satisfação, para depois fazer o luto e descobrir que sua satisfação depende de um outro.

Tudo isso para dizer que ninguém "se recusa" a fazer o luto. É que não se pode fazer o luto por algo que nunca teve. Mas veja só: também não dá para fazer o luto se a criança não vê a luz no fim do túnel, isto é, se ela não descobre uma alternativa para essa dupla perda! Para o bem e para o mal, a alternativa é descobrir o outro enquanto outro-sujeito. Para o bem, porque, na medida em que aceita depender dele, pode usufruir de relações humanas que enriquecem a existência. Para o mal, porque o outro será sempre um limite à sua onipotência.

Perder as doces ilusões do narcisismo primário e, em troca, descobrir as dores e as delícias de viver com os outros é uma condição absolutamente necessária à aptidão à felicidade. Não é possível ser feliz se eu estiver centrada em meu próprio umbigo. Todos os outros elementos psíquicos que compõem essa aptidão são, de alguma forma, tributários desse processo.

Luto e saída do narcisismo primário III

> *Saio para uma caminhada pela praia. O lugar é bonito, as rochas e pirambeiras exigem esforço, o sol está quente. O bar não tem cerveja, mas o garçom me oferece uma Coca-Cola. Poder descansar, curtir o lugar e matar a sede é suficiente; experimento um momento de felicidade.*

Do ponto de vista da aptidão à felicidade, as implicações práticas de conseguir realizar o luto são imensas. Por um lado, como não me vejo como o centro do mundo, também não acho que o bar teria a obrigação de ter uma cerveja para mim. E, como não acredito que exista o objeto da gratificação absoluta, também não tenho a ilusão de que, se tomasse a cerveja, seria a pessoa mais plena e feliz do mundo. Se eu imaginar que na mesa vizinha as pessoas estão gozando loucamente porque estão tomando cerveja, vou morrer de inveja e achar injusto não ter cerveja para mim também.

Voltando ao luto pela cerveja, obviamente se trata de um luto *secundário*. Vale lembrar que ele pode ser provisório, como neste caso, mas há lutos secundários que envolvem renúncias definitivas, como uma doença incapacitante. Nas duas situações, é preciso ter feito o luto primário, mas, evidentemente, a perda corporal é bem mais dolorosa – não só pela incapacidade, mas também porque envolve as estruturas mais originárias do psiquismo que estão ancoradas no corpo.

Se o chip que permite o luto não estiver instalado, fico melancolicamente presa à cerveja e isso azeda tudo: não sobra nada de bom e não consigo usufruir do que existe. Mais do que isso: como fico agarrada ao objeto perdido, não consigo nem enxergar tudo o que existe e que poderia ser fonte de prazer e de alegria! Quando voltar ao Brasil e me perguntarem "que tal a Costa Rica?", vou dizer "não vá para lá de jeito nenhum, é um lugar horrível, não tem cerveja".

Estou retomando aqui a lógica (emocional) do Absoluto – a lógica do Tudo ou Nada – e como ela atrapalha a vida. Se a cerveja me parece a fonte de todo prazer e de toda felicidade, sem ela não sobra nada. Repito: as outras possibilidades são literalmente invisíveis para mim. Para efeitos práticos, elas simplesmente não existem. Ou consigo a cerveja, ou não consigo nada, porque não existe mais nada além da cerveja. Nenhuma outra possibilidade de prazer. Triste.

A lógica em Tudo ou Nada é terrível. Ela transforma não só a Costa Rica, mas a própria vida num inferno. Ou a viagem é perfeita ou é uma porcaria. Ou sou o máximo ou um fracasso. Ou sou especial ou não sou ninguém. Ou tal pessoa é Tudo e não posso viver sem ela ou é Nada e não posso viver com ela.

Como você vê, ela tem consequências sobre como o Eu se percebe e como o Eu percebe seu objeto. Naturalmente, esses dois eixos estão sempre imbricados, mas vou tentar separá-los para fins didáticos. Vamos ver primeiro qual é a experiência subjetiva do Eu.

- Angústias de morte: na lógica do Tudo ou Nada, se a criança não for o centro do mundo da mãe, então ela não representa nada e *será abandonada à própria sorte*, o que, evidentemente, é uma condenação à morte. Alucinatoriamente, a criança vive no terror do desamparo absoluto. A angústia de morte está sempre lá, às vezes de forma gritante, às vezes como pano de fundo silencioso da existência.
- A catástrofe narcísica: na lógica do Tudo ou Nada, se a criança não for o centro do mundo da mãe, *então ela não representa nada*, não tem valor. A criança se vê ejetada diretamente do "centro do mundo da mãe" para lugar nenhum. O Eu sai do Tudo e vai diretamente para o Nada. Essa é a catástrofe narcísica.

Só existem duas posições: ou sou uma cliente especial e tenho direito à cerveja ou não sou ninguém, o bar me despreza, não está nem aí comigo. Agora se entende melhor por que tenho a expectativa de que o bar dê um jeito de me arranjar uma cerveja, custe o que custar. Não é mimimi. É para evitar minha catástrofe narcísica.

A cerveja não é necessária para matar a sede ou realizar um desejo. Ela é necessária para confirmar que o bar me vê como uma cliente especial, que não fui parar na vala comum dos clientes comuns. Dito de outra forma, não me importa receber alguma coisa que mate minha sede: me importa receber aquela única coisa que confirma o meu narcisismo. A cerveja vira uma questão de vida ou morte.

Acabamos de ver uma primeira consequência da impossibilidade de realizar o luto primário: a lógica em Tudo ou Nada infiltra a relação do sujeito consigo mesmo pela vida afora.

A segunda consequência, igualmente terrível do ponto de vista da aptidão à felicidade, é que a lógica do Tudo ou Nada infiltra minha relação com meu objeto. Se não pude realizar o luto primário, meu objeto continua com as características da Mãe Absoluta. Pode ser a mãe, um chefe, a empresa, uma instituição e até um filho. É *qualquer objeto impossível de ser confrontado*, porque é vivido como poderoso e esmagador. Se não realizei o luto, fico *enroscada na Entidade*, apelido carinhoso que dei a todos os representantes atuais da Mãe Absoluta ou objeto primário.

A Entidade pode tudo, sabe tudo, detém o poder da vida e da morte sobre mim. Está acima do bem e do mal, sua palavra e o seu julgamento sobre mim são verdades absolutas. Se decreta que eu tenho valor, estou salva. Se decreta que não tenho valor, que sou desprezível, é o meu fim, minha vida acabou. Se ficar com ódio de mim, me esmaga ou me abandona à própria sorte. A Entidade é sempre vivida como *abusadora*: ela sabe que tem poder sobre mim, sabe que não tenho como confrontá-la e por isso abusa do seu poder.

Um exemplo. O paciente diz: "Trabalho numa empresa que sabe que não vou conseguir outro emprego, então me submete a condições de trabalho indignas. É injusto, é revoltante, mas, como dependo desse emprego, não tenho como sair do enrosco".

Outro exemplo. A paciente Marcia, que apresento no meu texto "Sobre o supereu cruel" (Minerbo, 2020b, p. 223), fica revoltada porque o filho toma banho e deixa a toalha molhada no chão para ela recolher. Morrendo de ódio dele, ela diz: "ele sabe que não vou conseguir deixar a toalha jogada lá, e por isso abusa de mim".

Tanto a empresa como o filho estão sendo vividos como Entidades (do Mal).

A lógica do Tudo ou Nada produz também a *Entidade do Bem*. Na paixão amorosa, de um dia para outro, descubro que não posso viver sem essa pessoa que vai me dar tudo, vai me salvar, me preencher, me resgatar da minha infelicidade, do meu desamparo, será meu anjo da guarda particular, a fonte de todo o meu bem. É a felicidade regressiva, da qual já falei.

A inveja também está inscrita na lógica do Tudo ou Nada. Olho para o outro e vejo-o como plenamente satisfeito, num gozo infinito de seu objeto. Ele tem tudo, enquanto eu estou sempre na falta; consegue tudo sem esforço, enquanto eu tenho que ralar e amargar as limitações injustas e odiosas que a vida me impõe.

Essa lógica infiltra também o modo pelo qual enxergo minha vida, inclusive o passado e o futuro. Se eu estiver no Tudo, vou viver na nostalgia de um passado perfeito ou na esperança de um futuro pleno. Se eu estiver no Nada, meu passado é um fracasso, não construí nada. O futuro não me reserva nada de bom, não vejo luz no fim do túnel. Nenhuma dessas perspectivas Absolutas me ajuda a viver o presente.

Antes de realizar o luto, as representações que tenho do mundo me aproximam do fanatismo, porque repousam sobre uma visão idealizada de como as pessoas deveriam ser, de como o mundo deveria ser – e isso qualquer que seja o tema: ecologia, veganismo, política, economia, religião. O mundo se enche de inimigos que precisam ser eliminados. Se eu sou absolutamente contra consumir Coca-Cola, ou porque é o símbolo do capitalismo, ou porque faz mal à saúde, ela não deveria existir. E, se ela não deveria existir, guerra santa contra ela! Não posso ser feliz enquanto houver uma Coca-Cola no mundo.

Ao insistir tanto na importância do luto, não estou fazendo a apologia do sofrimento. Renunciar a ser o centro do mundo da Mãe Absoluta não significa renunciar à expectativa de ser importante para alguém. Não vou passar a vida sem esperar Nada de ninguém só porque ninguém pode me dar Tudo. O desejo e a esperança de ser amado e de merecer cuidado, atenção e reconhecimento por parte de um outro significativo são elementos importantes da aptidão à felicidade.

Enfim, o luto primário é o processo pelo qual um novo chip emocional é instalado. Não elimina o primeiro (Tudo ou Nada), mas pelo menos cria uma segunda opção. O novo chip permite enxergar nuances e humanizar a Entidade. Acima de tudo, produz alívio, porque as angústias de vida ou morte e o pavor de ser desprezado deixam de ser o pano de fundo da existência. Sair da lógica do Tudo ou Nada é condição absolutamente necessária para a aptidão à felicidade.

Estar plenamente no mundo

> *Saio para meu passeio na praia. Estou cansada, tenho sede. Encontro um bar e, que sorte, tem cerveja! Ela não está estupidamente gelada, mas também não está quente. "Nesse calor, é o que temos", se desculpa o garçom. Repito "Sim, é o que temos", mas eu me refiro à vida de modo geral. Os outros clientes escutaram isso e, quando vejo, estamos todos "filosofando" sobre a vida, descontraídos e curtindo o fim de tarde. Esse pequeno acontecimento me faz feliz.*

Não é fácil sair da posição de Sua Majestade, o Bebê. A perda desse privilégio, como, aliás, de qualquer privilégio, é dolorosa. Nas vinhetas anteriores vimos várias das conquistas e como elas compensam o sofrimento envolvido. Além delas, o luto possibilita mais uma experiência emocional essencial do ponto de vista da aptidão à felicidade: estar plenamente no mundo, compartilhando a existência com outros seres humanos. Como diz Tom Jobim, "é impossível ser feliz sozinho". Aparentemente, o luto não tem nada a ver com "estar plenamente no mundo". Mas tem. A desconstrução do objeto enquanto Entidade, e sua contraparte, a desconstrução do Eu-Majestade, de um Eu que se julga especial, melhor do que os outros, colocam-me numa relação de igual para igual com as pessoas. Não verei o outro como superior, poderoso, ameaçador (Entidade), nem me colocarei como superior a ele, desprezando-o. Tanto o terror quanto o desprezo me impedem de estar plenamente com os outros.

Veja só. Desconstruída, a Entidade se humaniza, quer dizer, passo a vê-la como um *mero ser humano*. Perde sua aura. Já não a vejo como alguém que pode tudo, para o bem e para o mal. Ela já não pode nem me destruir, nem me salvar. O que ela pode é me hostilizar ou me ajudar, assim como qualquer pessoa pode hostilizar ou ajudar uma outra. Mas isso faz parte da vida.

Se ela não pode me destruir, então não preciso viver aterrorizada. Posso confrontá-la, posso bancar meu desejo, minha opinião, minhas escolhas. Não preciso viver submetida e assujeitada ao seu suposto poder sobre mim. Não dependo dela para sobreviver.

E, se ela não pode me salvar, vou ter que viver por minha conta e risco, como todo mundo. Concordo: isso não é fácil e dá medo. Mas o medo é bem melhor do que o terror de ser esmagado pela Entidade.

Sim, vou ter que cuidar de mim. Mas isso é bom, porque vou descobrir recursos que eu nem sabia que tinha. Desenvolvo um potencial que estava latente. Ao invés de continuar infantilizada, supostamente protegida debaixo da asa da Entidade, cresço, me torno mais adulta, mais madura. Aproprio-me das minhas competências e me autorizo a ser quem sou. Tudo isso reverte em autoestima e autoconfiança, que, por sua vez, me tornam mais apta a estar plenamente no mundo.

É o oposto da timidez excessiva, mistura de medo e de vergonha, afetos que indicam submissão à Entidade – não é possível relaxar e muito menos curtir estar com os outros. Ao invés de me abrir para o mundo, me encolho, me escondo, fico defendida. E, se minha defesa for a arrogância, me isolo numa torre de marfim imaginária para contemplar os outros lá de cima.

Nas duas eventualidades, timidez ou arrogância, um acontecimento tão banal como curtir um papo sobre a vida com desconhecidos num bar da Costa Rica não seria possível. E tem mais. Quando o outro deixa de ser vivido como Entidade ameaçadora, a relação com o mundo se pacifica, e, por isso, consigo estar mais plenamente nele.

Refiro-me às transferências negativas com os objetos do cotidiano: a mãe, o cônjuge, o chefe, o vizinho, o colega de trabalho ou o filho. Pois, como sabemos, a Entidade pode ser projetada em qualquer tipo de suporte que aceite essa transferência. A relação com o objeto da transferência negativa é sempre turbulenta e fonte de sofrimento.

Como disse, a desconstrução não incide apenas sobre a Entidade. Não é só ela que se humaniza. *Eu também me humanizo*. Deixo de ser o Eu-Majestade e me torno um *mero ser humano*. Torno-me mais humilde, o que é um alívio, pois deixo de exigir de mim a perfeição. Torno-me mais tolerante com minhas limitações e, por isso, minha autocrítica e minha angústia se atenuam.

O alívio do meu sofrimento me torna apta a olhar em volta e a explorar o que o mundo tem a oferecer. Entre tantas coisas, a preciosa convivência com meus semelhantes. Sim, porque, quando me humanizo, o outro é vivido como meu semelhante. Posso compartilhar com ele alegrias e prazeres.

Descubro que todas as pessoas são interessantes. Todas têm algo a dizer. Como diz um provérbio judaico: "Quem é o sábio? Aquele que aprende com todos os homens". A vida se enriquece quando consigo estar plenamente com o outro.

Deixar de me ver como "especial" não quer dizer cair na vala comum, não significa que não tenho direito à minha singularidade. Mas, se eu tenho essa prerrogativa, o outro também a tem. Mais do que tolerar, ser capaz de acolher a diferença torna minha mente mais democrática. Consigo conviver melhor com a ideia de que minha liberdade é limitada pela existência dos outros, que também têm seus direitos.

Essa dupla desconstrução, da Entidade e do Eu-Majestade, possibilita um acontecimento banal como a conversa descontraída com desconhecidos no bar da Costa Rica. Mas a felicidade é feita justamente de vários pequenos bons momentos como esse. Estabelecer relações de igual para igual com nossos semelhantes me permite estar plenamente no mundo e viver em relativa harmonia com eles. É um elemento importante que compõe a aptidão psíquica para a felicidade.

A Coca-Cola estava uma delícia!

> *O passeio pela praia foi muito agradável. A paisagem é linda, mas, que pena, não tinha cerveja! Como estava morrendo de sede, desencanei da cerveja e fui de Coca-Cola mesmo. Confesso que estava uma delícia. Foi a melhor Coca-Cola que já tomei!*

Fiquei surpresa comigo mesma. Até ontem, eu demonizava refrigerantes em geral. Do alto da minha rigidez psíquica, praticava uma intolerância radical a esse tipo de bebida. Coca-Cola, nem morta! Mas no dia desse passeio, com a sede que eu estava, não consegui mais sustentar aquela posição.

Esse acontecimento me leva a integrar um aspecto do Eu que, em função de minha história emocional, estava *proscrito* da minha identidade. Eu me proibia de curtir uma Coca-Cola.

Integrar um novo aspecto do Eu é terapêutico no sentido forte do termo, porque mudo de posição subjetiva: saio de uma em que tinha uma narrativa absoluta e me vejo em outra, na qual minhas certezas foram relativizadas. Eu me "curo" de limitações autoimpostas e amplio minhas possibilidades de ser no mundo (Herrmann, 2001).

Já não estou fanaticamente aprisionada numa representação que parecia incidir apenas sobre refrigerantes, mas incidia também sobre meu Eu. Relativizar certezas me torna mais livre em relação a mim mesma, ao que eu julgava ser eu mesma. Torno-me mais flexível, mais aberta, menos turrona. Quando relativizo minha representação sobre refrigerantes, percebo que é bobagem passar sede só para não tomar uma Coca-Cola.

Não vou sair por aí fazendo manifestações a favor de refrigerantes, mas agora sei que, de vez em quando, dependendo da situação, uma Coca-Cola vai muito bem. Saio dessa experiência mais madura, eu me torno um ser humano mais complexo e mais interessante. A possibilidade de integrar, continuamente, novos aspectos do mundo e de mim mesma é um elemento que compõe a aptidão à felicidade.

Integrar a exclusão edipiana

> *Estou caminhando há horas e finalmente encontro um barzinho. Está lotado, todo mundo tomando cerveja. Acho uma mesinha, sento-me e peço a minha. O garçom diz que não esperavam tanta gente, deve ser o dia lindo e o calor, infelizmente o estoque se esgotou. Fico frustrada, mas observar o alegre burburinho do bar e fazer parte dessa "festa" me faz feliz.*

Nesse ponto da minha caminhada, sou brutalmente recolocada diante de uma realidade na qual eu não tinha pensado: a existência do *terceiro*. O bar está lotado. Todo mundo com uma cerveja na mão. Olho para as outras mesas: cada uma deve ter uma dúzia de garrafas vazias. Tomaram tudo!

Vou me retraumatizar diante da realidade da triangulação e da exclusão edipiana? Vou ficar com ódio do terceiro, dos outros clientes do bar? Vou surtar e fazer um *strike* nas garrafas das mesas vizinhas? Ou serei capaz de processar emocionalmente esse aspecto da realidade e participar da festa? O conceito de exclusão edipiana se refere à diferença entre as gerações: a criança, por ser criança, está excluída do prazer do casal parental. Instalar a matriz simbólica da exclusão edipiana permite tolerar e conviver com a frustração das exclusões com que a vida vai nos confrontar. No caso, estou excluída das outras mesas: estão desfrutando do prazer da cerveja, mas eu, não.

Desconstruir a Entidade e o Eu-Majestade me dá acesso a uma dimensão da realidade que até então era invisível e, mais do que isso, era *inconcebível* para mim: a existência do terceiro. Antes, só existia *eu* e *meu objeto*, eu e minha cerveja. Era evidente que ela estaria sempre lá, à minha disposição, esperando por mim. Agora a situação ficou mais complexa, mas também mais verdadeira do ponto de vista da realidade: existimos *eu*, *a cerveja* e *os outros clientes do bar*.

Por mais dolorosa que seja, a verdade é preferível ao autoengano. Não digo isso por uma questão moral, mas meramente prática: vivo melhor se puder conhecer e aceitar a realidade tal como é, e não como imagino que seja ou como gostaria que fosse. E a realidade é que o bar tem outros clientes, e pode acontecer de eles tomarem todas as cervejas.

Vou me frustrar, é claro. Mas não vou me retraumatizar: graças ao luto, passei por uma revolução subjetiva e consegui integrar – *aceitar emocionalmente* – tanto a existência do terceiro quanto a exclusão edipiana. Por isso não vou surtar quando perceber que estão todos com uma cerveja na mão, menos eu.

Por outro lado, não vou me sentir culpada caso eu tome a última cerveja do bar. Pois, como sabemos, se eu ficar morrendo de culpa porque alguém ficou de fora, a cerveja não vai descer redonda. Diante da frustração do outro, não vou conseguir ter prazer e vou perder um momento de felicidade.

Ser capaz de integrar a exclusão edipiana me ajuda a viver melhor. Não vou me revoltar se eu ficar de fora enquanto os outros curtem a vida, mas também não vou ficar culpada se eu estiver curtindo alguma coisa e alguém ficar de fora. Esse é mais um elemento que compõe a aptidão à felicidade, porque torna as relações amorosas mais livres e menos tumultuadas.

Troca humana, vidas solidárias

Eu já estava conformada com a Coca-Cola. O garçom – descubro que ele também é brasileiro – percebe minha decepção. Cúmplice, piscando um olho, anuncia que, na falta de cerveja, pode me preparar uma caipirinha. Não está no cardápio, mas ele tem uma boa cachaça. Agradecida e feliz, aceito a sugestão.

Esse garçom maravilhoso me ajuda a fazer o luto pela cerveja. Mas não é só porque me propõe uma caipirinha, coisa que eu sequer imaginava encontrar ali. Nem porque a caipirinha é tão boa quanto a cerveja. É porque o encontro com um ser humano empático, capaz de se identificar com a minha decepção, faz com que me sinta emocionalmente acompanhada na caminhada pela vida.

Como já vimos, ninguém consegue realizar o luto sozinho. Se o garçom consegue empatizar com minha frustração, é porque também conhece essa dor. Imagine se ele me desse uma resposta sarcástica do tipo: "O que você acha, que é nossa única cliente?". Não só não me ajudaria a fazer o luto, como azedaria meu passeio.

O mais importante dessa cena, contudo, é a solidariedade. Não confundo isso com generosidade, em que um dá e outro recebe. Também não estou falando de solidariedade no sentido comum, em que uma pessoa é solidária a outra que sofre. Penso na ideia de *vidas solidárias*. Naquele momento, num barzinho perdido na Costa Rica, minha vida e a do garçom se cruzaram e foram solidárias uma à outra: eu acrescentei algo à dele, e ele à minha.

O que essas duas vidas acrescentaram uma à outra? Em primeiro lugar, *reconhecimento*, e isso nos dois usos do termo. Cada um enxergou o outro, e cada um foi grato ao outro por aquilo que recebeu. Quer dizer, os dois reconhecem que receberam um do outro algo importante. Mas, além disso, como veremos, cada um permitiu que a vida do outro tivesse mais *sentido*, nem que fosse por um breve instante.

Reconhecimento

Não é tão difícil de entender essa ideia quando pensamos na mãe com seu bebê. Seria um equívoco pensar na maternidade como um exercício de generosidade (ela dá, e ele recebe). O que acontece é que essas duas vidas são solidárias: uma dá sentido à outra. Os dois dão, e os dois recebem. Não é possível ser mãe se não houver um bebê. O filho oferece a uma mulher a oportunidade e a experiência preciosa de ser mãe. E vice-versa: o bebê não existiria sem aquela mulher que lhe deu a oportunidade de nascer.

Em nossa caminhada pela vida, cada pessoa pode tornar a vida do outro melhor ou pior, justamente porque nossas existências são solidárias. Há uma comunidade de destino: o que acontece a um afeta o outro, e vice-versa.

É o que aconteceu entre mim e esse garçom. Ele reconhece minha decepção e me oferece uma caipirinha. Duvido que tenha feito isso só para o bar faturar com mais uma bebida. Ou só pela gorjeta. Claro que o dinheiro é importante, mas a vida é mais do que isso. Ele está atento aos clientes. Está atento a mim. Não está lá cumprindo sua obrigação burocraticamente. Tanto que ficou me olhando discretamente enquanto eu apreciava a caipirinha.

O que ele buscava reconhecer em mim? Primeiro, o meu prazer. Meu prazer confirma que ele foi capaz de me dar prazer. Em segundo lugar, meu *reconhecimento*. Ele precisa ser reconhecido – no sentido de enxergado, confirmado – como alguém que tem algo de bom a me dar. E eu fico reconhecida, no sentido de grata por aquilo que recebi.

Mas atenção: o que recebi dele não foi só a caipirinha. Foi a experiência de ter sido investida de forma amorosa, porque ele ama o que faz. Ele não me ofereceu a caipirinha por dever, e sim por prazer. Não precisei exigir nada, ele me ofereceu a bebida espontaneamente.

Sua atitude me faz sentir que não sou uma tarefa chata, um peso, uma obrigação. Ao contrário, sinto que minha presença no bar – minha existência – é bem-vinda. Ele faz a função de espelhamento e me devolve uma imagem boa de mim mesma. Sinto-me reconhecida como uma pessoa que vale a pena, que tem valor para ele. Cada um recebe do outro um reconhecimento de seu mérito, ele como garçom, eu como cliente do bar. Cada um contribui à felicidade do outro, e, nesse sentido, nossas vidas são solidárias.

Sentido

Naquele momento, nossas vidas foram solidárias uma à outra também porque cada um *confirma o sentido da vida do outro*. Se ele me trouxesse a caipirinha e, em vez de ficar grata e apreciá-la, eu a devolvesse ou a deixasse intacta, ele sentiria que seu gesto de garçom perdeu o sentido.

O garçom me oferece uma caipirinha também porque ama o que faz. Ele se esforça e tem prazer em desempenhar sua função da melhor maneira. Através de mim, ele se realiza como garçom. Precisa de mim, do meu prazer, da minha gratidão, para que sua vida profissional tenha sentido. Caso contrário, estaria condenado à pobreza de um ir e vir burocrático da cozinha para as mesas. Ou pior, à submissão aos caprichos ou exigências dos clientes.

E vice-versa: graças a ele, minha experiência naquele bar não se limita a tomar uma caipirinha – prazer importante, mas meramente sensorial. Nem me sinto reduzida a mais uma cliente que vai pagar por um serviço. A experiência é de uma troca humana. Quando recebo com prazer aquilo que ele fez com amor, sei que minha existência fez diferença para ele, e isso me faz feliz. Fico feliz porque naquele instante acrescentei algo à vida dele, e isso também dá sentido à minha.

Em outros termos, ele torna minha vida melhor não só porque tomei uma caipirinha deliciosa, mas porque me ofereceu a oportunidade de tornar a vida dele melhor, aceitando a bebida com alegria e desfrutando dela com prazer. É o que chamamos de "fazer uma diferença no mundo". Ao aceitar e apreciar sua caipirinha, fiz uma diferença no seu dia, e ele fez uma diferença no meu.

O que teria acontecido se eu recusasse a caipirinha? Ou se eu a aceitasse, mas reclamasse que veio doce demais? Ou mesmo se ele não tivesse me oferecido nada? Uma das vidas teria "diminuído" a do outro, justamente porque são solidárias.

A caipirinha que um faz e o outro desfruta cria um breve momento de comunhão entre dois seres humanos. Cada um foi importante para o outro, mesmo que de maneiras diferentes. Cada um acompanhou o outro num pequeno trecho de sua caminhada pela vida. Por alguns instantes, nos sentimos mais solidários e menos solitários.

Quando voltar ao Brasil, vou me lembrar do passeio e da caipirinha, mas certamente vou me lembrar desse garçom e desse momento em que duas vidas deram sentido uma à outra. É maravilhoso sentir que, nesse breve instante, num barzinho na Costa Rica, dois estranhos puderam compartilhar algo da condição humana. Cada um fez a diferença na vida do outro. Cada um contribuiu para a felicidade do outro. Essa troca humana é preciosa e compõe a aptidão à felicidade.

Alternar movimentos regressivos e progressivos

Estou no bar, não tinha cerveja, mas aquele garçom tão amável me trouxe uma caipirinha. Olho para ele, agradecida. A caipirinha promete: tem bastante limão, bastante gelo, exatamente como gosto. Tomo o primeiro gole. Está perfeita. Olho em volta. O sol começa a se despedir do mundo. As árvores, a estradinha de terra e as pequenas casas rústicas estão banhadas por uma luz adorável. Sinto uma conexão e uma ternura pelas pessoas que, como eu, estão ali vivendo suas vidas. Tenho plena consciência de estar exatamente onde queria estar, fazendo exatamente o que queria estar fazendo, e de que isso me basta. Sou grata pelo que tenho, pelo que existe, pelo que é. Não estou preocupada com nada. Estou plenamente no mundo e acolho plenamente o mundo em mim. (Gostaria de tirar uma foto, não do lugar, mas da sensação, para emoldurá-la e pendurar na parede de casa.) Desfruto intensamente desse momento precioso, que é eterno enquanto dura.

Em alguns momentos privilegiados, sou tomada pela sensação (inesperada) de estar vivendo um momento de plenitude, em comunhão com a beleza e com a bondade do mundo.

Essa experiência de comunhão com o Todo indica que o luto foi temporariamente revogado. É o que chamamos de epifania, sentimento oceânico ou experiência mística. Alguns a buscam através de um duro trabalho espiritual (Assoun, 2010). Outros, através do uso recreativo de substâncias psicoativas. Freud (1929/2010) vê no sentimento oceânico uma regressão ao seio materno.

Movimentos psíquicos regressivos e progressivos fazem parte da vida. No próprio processo analítico, a associação livre é um movimento regressivo, sustentado, mas também desencadeado pela transferência. Ele será seguido por uma elaboração secundária do que foi "colhido" pelo mergulho no processo primário.

A epifania pode ser compreendida como um movimento regressivo que foi súbita e inesperadamente desencadeado por algum elemento sensorial da realidade. No meu caso, acho que foi a combinação de uma *certa luz adorável, com a paz e o despojamento do lugar*. Se a luz fosse diferente ou se a paz do lugar fosse perturbada por pessoas barulhentas, provavelmente a regressão não teria acontecido.

Certa combinação de elementos da realidade induz à regressão e, ao mesmo tempo, serve de suporte ou como continente para a transferência de traços mnésicos da bem-aventurança e da beatitude vividas pelo bebê no seio materno.

Em outros termos, há uma relação dialética entre regressão e transferência. Um elemento sensorial da situação atual acorda um traço mnésico de uma experiência do passado, ou seja, produz uma regressão. Esse traço, essa inscrição, esse registro de experiências sensoriais de extrema beleza, comunhão e beatitude junto ao seio materno, é transferido para a situação atual.

Graças a essa transferência, um lugar, uma cena qualquer, banal, adquire uma aura mágica e desperta a sensação de fusão e de comunhão com a beleza e a bondade do mundo. Nesse momento, a paisagem que contemplo se torna deslumbrante, maravilhosa mesmo, no sentido próprio do termo. "Maravilhoso" é o que foge da vida ordinária, que não cabe na vida comum, é quase sobrenatural, como se pertencesse a outro tempo e a outro espaço.

O movimento regressivo pode propiciar um mergulho numa realidade paralela boa, uma *good trip*, uma "viagem" linda e deliciosa como um sonho bom. É uma ocorrência da felicidade. (Mas, como sabemos, o movimento regressivo também pode mergulhar a pessoa numa *bad trip*.)

De vez em quando, o luto é revogado: as restrições e limitações da vida e do Eu são temporariamente suspensas, o que produz um sentimento maravilhoso de *expansão do Eu*. Por isso, a epifania ou sentimento oceânico são momentos de grande leveza e plenitude. Como um balão cheio de gás hélio, o Eu parece flutuar acima das limitações da lei da gravidade, isto é, das restrições da vida ordinária.

Uma observação importante: a epifania é diferente do estado maníaco, porque neste o sujeito fica *fixado* na situação regressiva de expansão do Eu. Ele de fato flutua acima das restrições da vida, mas não há esse movimento fluido de regressão e progressão. E isso porque o estado maníaco é uma defesa necessária, é um triunfo maníaco sobre o luto para evitar mergulhar na melancolia. Metapsicologicamente, é muito diferente do luto temporariamente revogado da epifania.

A criatividade é um exemplo de bom uso da regressão. Se nos permitimos "enlouquecer um pouco", conseguimos nos descolar de uma vida concreta, operatória e sem fantasia. Para isso, é importante não ter tanto medo de enlouquecer de vez, de fazer uma *bad trip*, mergulhar num pesadelo e não sair mais dele.

Durante alguns instantes – são aqueles preciosos momentos em que os deuses ou as musas nos "assopram" uma ideia nova, uma forma nova –, o Eu consegue pensar fora da caixinha. Graças a um breve mergulho no processo primário, o Eu se liberta das restrições e limitações do pensamento secundário. É por isso que o instante criativo produz uma microepifania, um verdadeiro "estado de graça".

Tanto a epifania quanto a criatividade mostram a importância do livre trânsito entre movimentos regressivos e progressivos do funcionamento psíquico. O mergulho no processo primário permite colher elementos que podem, então, ser colocados à disposição do processo secundário. A vida mental e a vida propriamente dita se enriquecem quando processos primários e secundários se potencializam reciprocamente. Essa condição de fluência e fluidez da vida mental compõe a aptidão à felicidade.

Empoderamento, pulsão de vida

> *Estou caminhando à beira-mar, tenho sede, sonho com uma cerveja gelada. Procuro um pouco e eis que um bar se materializa na minha frente. Antes mesmo de ter o prazer de saborear a bebida – ainda nem tomei o primeiro gole! –, sou tomada pela alegria simplesmente porque encontrei aquilo com que sonhava.*

Essa vinheta nos remete à descrição de uma experiência do tipo encontrado-criado (ou criado-achado) como proposta por Winnicott (1975). O bebê alucina o seio, tem a expectativa do seio, deseja o seio, e não é que o seio se apresenta à criança? Milagre! A experiência é de júbilo.

O bebê encontrou o seio, vai matar a fome, vai ganhar um colo gostoso. Mas sua alegria é extrema também porque sente que *foi ele quem criou o seio*: é uma experiência de empoderamento. Esse afeto é diferente de prazer, que é diminuição de tensão; é diferente de felicidade, que é o estado da consciência plenamente satisfeita. Segundo Espinosa (citado por Bourdin, 2012), alegria é uma qualidade da alma que experimenta um *aumento na sua potência de ser* por ocasião de algo que produz prazer (vivências corporais e psíquicas).

Como vimos, quando a mãe colabora para que a criança tenha experiências do tipo encontrado-criado suficientemente bem-sucedidas, cria-se o que Winnicott (1975; 1990/1958) chama de *ilusão positiva*. Naturalmente, depois virá a necessária desilusão. Idealmente, a desilusão não destrói a capacidade de ilusão positiva: o reconhecimento de que a realidade existe independentemente da minha vontade coexiste com a confiança em si e no mundo.

Mas eu gostaria de falar mais da ilusão positiva, porque ela é uma condição essencial para a instalação de um *narcisismo de vida* (Green, 1988a). É a base de autoestima e de autoconfiança, porque o sujeito sente que é capaz de agir para transformar o mundo (empoderamento). O sentimento de ser e de existir se estabiliza, e colocam-se em movimento as *pulsões de vida*.

Isso significa que o mundo é vivido como um lugar em que a realização do desejo é possível, ou seja, é possível sonhar e imaginar o desejo sendo realizado. O sujeito descobre que está em suas mãos construir sua própria vida. A *vitalidade*, que decorre da confirmação do narcisismo primário, é, sem dúvida, uma aptidão para a felicidade.

Inversamente, o fracasso da experiência do tipo encontrado-criado é vivido como decepção e fere o narcisismo primário. O sentimento de ser e de existir claudica. Abala-se a confiança na vida, no objeto e em si mesmo. As lógicas da pulsão de morte vão sendo instaladas: em lugar de *agir* sobre o mundo em busca da própria satisfação, o Eu é obrigado a *reagir*. No lugar de criar sua vida, o Eu gasta suas energias para se *defender*. A vitalidade se esvai nesse buraco negro. O deprimido não consegue investir em nada porque sente que não adianta lutar pelo que deseja. Alegria e prazer não são para ele.

Voltando à minha caminhada pela praia. Procuro um bar com cerveja porque tenho confiança de que esse desejo é possível, está ao meu alcance. Vale a pena me esforçar, investir, apostar, correr o risco. Alegro-me quando encontro o bar, não só porque vou tomar minha cerveja, não só porque ganhei a aposta, mas *também porque consegui arriscar*. O medo de perder o que investi não me paralisou, não me desencorajou. Viver demanda coragem. E coragem demanda vitalidade.

Vale lembrar que a experiência de encontrado-criado não é passiva. O seio não adivinha que o bebê tem fome. Ele não cai no colo do bebê. O bebê tem que chorar. Ele logo descobre que "quem não chora não mama". Chorar não é apenas reclamar, não é apenas sinalizar um desconforto. É também fazer um *esforço ativo* para agir sobre a mãe e tentar transformá-la na mãe de que ele precisa. Ao chorar intencionalmente, o bebê já está sendo *sujeito* do próprio desejo.

Sintetizando, a vitalidade é construída pela repetição de experiências de *alegria* ligadas ao encontrado-criado. De *prazer*, por usufruir daquilo que foi encontrado-criado. E de *empoderamento*, graças à ilusão positiva de ter sido autor da própria satisfação. Ter a experiência subjetiva de sua própria potência, de sua capacidade de ser ativo na vida, de se perceber capaz de participar da produção de sua própria felicidade, é uma aptidão à felicidade.

Ser sujeito, fazer escolhas

> *Ontem imaginei um livro sobre felicidade e hoje comecei a escrevê-lo. O dia de trabalho foi produtivo. Saio para minha caminhada pela praia. A paisagem é bonita, tomo uma cerveja admirando o pôr do sol. O passeio é agradável, mas o que me faz feliz é estar num lugar que escolhi, com pessoas que escolhi, fazendo o que escolhi e que me dá prazer.*

Essa vinheta apresenta mais um elemento da aptidão à felicidade: poder fazer escolhas, e escolher o que se deseja.

Vejo uma diferença entre escolher algo *enquanto sujeito* (escolhi fazer uma caminhada pela praia) e "escolher" algo *assujeitado* ao sintoma. Por exemplo, não se pode dizer a um deprimido que ele escolheu ficar na cama em vez de fazer uma caminhada pela praia. Ele não tem forças nem vê sentido em se levantar da cama. Uso aspas porque, se estou sendo determinada pelo sintoma – se estou *sendo agida* por forças inconscientes e/ou se estou agindo em *submissão* ao supereu cruel –, então não é realmente uma escolha. Não tenho liberdade interna para fazer de outro modo.

Volto à ideia de poder fazer escolhas e escolher o que se deseja. Num recorte freudiano, mostrei a relação entre prazer, desejo e circuito pulsional. Agora, gostaria de propor uma relação entre desejo e o que Winnicott (1975) chamou de "gesto espontâneo".

Nesse outro plano metapsicológico, felicidade é uma experiência que envolve o ser como um todo, tanto que dizemos *sou/estou* feliz. Nesse sentido, o desejo pode ser pensado como manifestação do Eu. Sou feliz quando posso escolher coisas *que me representam, que são expressão do meu Eu, da minha identidade, do meu ser*. Escrever este livro me representa.

Minha história emocional e os fios de sentido que tecerão minha vida nascem no campo intersubjetivo constituído pelo que vem de mim e pela resposta do ambiente ao que vem de mim.

E o que, exatamente, vem de mim? Penso no combo formado pela pulsão, elemento quantitativo, e pelo gesto espontâneo, elemento qualitativo. Já o que vem do ambiente é a resposta que ele dá aos meus movimentos a partir do seu próprio inconsciente. É isso que vai determinar *como* meu gesto espontâneo foi acolhido, ignorado ou recusado. *Como* foi reconhecido, ou *como* foi distorcido. *Como* foi legitimado, ou *como* foi desqualificado. Enfim, *como* meus movimentos foram traduzidos e interpretados pelo ambiente, e *como* isso determinou a resposta que este pôde dar ao que veio de mim.

Enfatizo mil vezes esse "como" porque não basta dizer que o ambiente acolheu ou não acolheu o combo pulsão + gesto espontâneo. Cada ser humano é único justamente por conta desse "como". É com esse "como" que vou constituir minhas identificações. É esse "como" que vai determinar tanto o meu desejo quanto a *maneira* pela qual vou me relacionar com o meu desejo.

E aqui eu volto ao tema da vinheta: a possibilidade de afirmar meu desejo, de fazer minhas escolhas e de construir uma vida que me representa. Ou ao contrário: o medo de afirmar quem sou. Ou pior: a falta de contato com o que desejo e com o que me representaria. Nem é preciso dizer que a primeira alternativa indica uma aptidão à felicidade, enquanto a segunda a torna mais distante e difícil.

A liberdade de poder realizar o gesto espontâneo, sem que alguma amarra interna ou externa impeça meu movimento, é preciosa. É preciosa a liberdade para criar a própria vida de acordo com quem se é. Poder ser sujeito da própria vida é precioso.

Escolher o que desejo é escolher o que *faz sentido* para mim. A vida, afinal, nada mais é do que a sucessão das escolhas que fazemos todos os dias. Nessa altura, você já percebeu que, com cerveja ou sem cerveja, o simples fato de poder escolher o que me representa me faz feliz. Poder ser quem se é, sentir que o mundo tem um lugar para a própria singularidade, ser fiel a si mesmo, é um elemento que participa da aptidão à felicidade.

Liberdade interna é tudo

> *Depois de ter trabalhado no livro, estou de saída para meu passeio à beira-mar. Uma pessoa me pede que eu não vá, porque tem medo de que eu escorregue nas rochas e me machuque. Outra pede que eu a acompanhe em seu programa, porque não quer ir sozinha. Gentilmente, digo à primeira que estou com os sapatos apropriados e tomarei cuidado; e, à segunda, que hoje eu realmente prefiro fazer o meu passeio pela praia. Ser capaz de confrontar o outro para conseguir realizar o que desejo me faz feliz.*

Vimos que uma das condições para a felicidade é poder ser sujeito da própria vida. Um dos sentidos de "poder ser sujeito" é me sentir suficientemente empoderada para ir atrás do desejo. Outro, tão importante quanto, é *me sentir autorizada a, no direito de* viver para mim, e não para os outros.

Aqui, o que está em questão é como me relaciono tanto com o meu desejo quanto com o meu objeto primário. Por um lado, preciso estar minimamente em contato com o que desejo; o modo como o ambiente acolheu e respondeu ao gesto espontâneo facilita ou dificulta esse contato. Por outro, é importante ter conquistado alguma liberdade interna, alguma autonomia/emancipação em relação ao objeto interno e seus representantes externos.

A vinheta mostra que, para realizar meu desejo, precisei confrontar duas pessoas: uma angustiada com uma possível queda; outra insegura, que precisa de mim para seu próprio programa. Se tenho liberdade interna, posso decidir atender ou não ao que estão me pedindo.

Posso optar por cuidar da angústia de uma e da insegurança da outra. Mas também posso considerar que não me cabe salvar cada uma de suas próprias limitações. Para dispor de liberdade interna, preciso ter desconstruído não só a Entidade, mas também minha própria onipotência.

Não podemos esquecer que a desconstrução da Entidade depende também do ambiente. Meu objeto precisa, ele mesmo, ter conseguido sair da lógica narcísica do Tudo ou Nada. Ele precisa ser capaz de conceber o sujeito (no caso, eu mesma) como outro-sujeito e de lhe conceder o direito de viver para si. Se ele se sente traído ou abandonado, não vai conseguir sobreviver aos movimentos de autonomia do sujeito, que terá grandes dificuldades em sentir que tem o direito de viver a própria vida.

De modo que, do ponto de vista da liberdade interna, para me sentir no direito de realizar meu desejo, não posso estar *aterrorizada* pelo pavor da retaliação por parte da Entidade: ser atacada, perder seu amor e ser abandonada. Nem me sentir terrivelmente *culpada* (culpa persecutória) se a Entidade me acusar do crime de querer viver a minha vida "para mim mesma", e não para ela.

Ao contrário do terror e da culpa, o medo e a preocupação não sequestram minha liberdade interna. Sei que o confronto com o outro tem seus riscos, pois ele poderá viver minhas escolhas como uma afronta pessoal, se ofender e me hostilizar. Mas não há nada que eu possa fazer a esse respeito.

Bourdin (2012) resume bem a conquista da liberdade interna em análise:

> *As lógicas do desejo ressurgem espontaneamente quando o medo recua. Em contraste com uma vida de submissão [ao objeto, à Entidade], o despertar da liberdade é a primeira felicidade . . . A renúncia ao medo, principalmente aos terrores que se desconhecem enquanto tal, é um momento essencial [para a aptidão à felicidade]. (pp. 32-33)*

Conviver com o conflito

> *Trabalhei o dia todo e estou saindo para minha caminhada pela praia. Uma pessoa querida me diz que está precisando da minha ajuda e solicita minha presença. E agora? Faço o passeio que é tão importante para mim? Ou abro mão do passeio porque isso é importante para alguém que amo?*

A vinheta trata de um conflito entre realizar o desejo e renunciá-lo em favor de um ideal – no caso, o amor por uma pessoa. Ou, se preferirmos, entre o amor narcísico (escolher o que é importante para mim) e o amor objetal (renunciar em favor do outro que amo).

Há uma enorme diferença entre conviver com o conflito e conviver com o traumático. É possível conviver com o conflito, tolerar as tensões e, mesmo assim, ficar de bem consigo mesmo por estar em contato com a própria verdade. É valioso saber até que ponto consigo renunciar ao que é importante sem trair meus valores nem sacrificar excessivamente o desejo. O conflito não compromete minha liberdade interna, já que o Eu conseguiu se emancipar de modo suficiente de seu objeto primário e a liberdade de escolha está garantida. De modo que é possível renunciar em nome de um ideal e ficar realmente feliz com a decisão tomada.

Já conviver com o traumático não elaborado nem integrado é outra história. O medo predomina: medo de ser humilhado, desprezado, de não dar conta da vida, de não ter valor, de perder o amor do objeto, de ser atacado, submetido, perseguido, morto etc. Diante disso, em vez de viver, as energias são gastas em sobreviver. O princípio do prazer não chega a ser instalado de forma suficiente, de modo que renunciar a algo valioso é vivido como submissão intolerável à Entidade.

Para quem olha de fora, a renúncia é a mesma: abri mão do meu passeio para ajudar uma pessoa querida. Mas, do ponto de vista da experiência subjetiva, a diferença é gigantesca.

Conviver com o traumático implica estar continuamente submetida à Entidade. Quando a pessoa solicita minha ajuda, em vez de escutar que ela precisa de mim, vou escutar que ela *exige* minha presença, que estou *proibida* de sair para meu passeio ou que, se sair, é porque sou egoísta, só penso em mim, não estou nem aí para ela. Vou sentir que não tenho o direito de viver para mim, que minha vida está penhorada, não me pertence, não posso usá-la. E que abri mão não só de algo que desejo, mas também de ser e de existir. Embora possa parecer que renuncio por "amor à Entidade", a experiência subjetiva é mais da ordem de uma *reverência temerosa* do que de amor. O ódio e o ressentimento que acompanham a renúncia indicarão que não se trata de uma escolha genuína.

Ao invés de me submeter, posso também me revoltar. Vou me recusar terminantemente a renunciar: "Não abro mão do meu passeio nem morta!". Aqui tampouco há uma escolha genuína: tal oposição violenta será sintomática da minha fragilidade narcísica.

E, por fim, há a saída menos arriscada, que é a *agressividade passiva*. Não me revolto nem enfrento abertamente, mas dou um jeito de não me submeter. Renuncio ao meu passeio, mas "preciso sair para comprar leite" e levo uma hora para voltar.

A experiência subjetiva é completamente diferente quando estou diante de um conflito. Quando a pessoa solicita minha ajuda, escuto uma pessoa solicitando minha ajuda. Ela não está exigindo nada. Está pedindo. Ela me concede o direito de dizer sim ou não. Sinto-me livre para decidir. Vou ficar dividida entre duas coisas que desejo muito: fazer minha caminhada e ajudá-la.

Há o sofrimento inerente a fazer uma escolha, já que isso sempre significa perder alguma coisa. Mas *esse* sofrimento faz parte da vida. Dependendo da intensidade do conflito, é claro que atrapalha, consome energias e mobiliza defesas, além de prejudicar a capacidade de desfrutar a vida. Mas, repito, o conflito faz parte.

O importante é que, se tenho liberdade interna, *por mais que seja difícil para mim*, posso dizer à pessoa que posso ajudá-la, mas não agora. Ou que sinto muito, mas hoje não quero abrir mão dessa caminhada. Posso me sentir culpada, mas será uma culpa tolerável. A pessoa pode ficar magoada, mas vou precisar conviver com isso. Enfim, tomar decisões e fazer escolhas implica se responsabilizar pelas consequências.

Há também a possibilidade de renunciar. Diante desse conflito, posso escolher abrir mão do passeio para atender ao seu pedido. Se meu narcisismo é suficientemente robusto, não vou ter medo de estar sendo submetida pela Entidade. É por isso que posso renunciar com prazer e até com alegria, em nome de um valor que considero mais importante.

Essa é a grande diferença entre conviver com o conflito e conviver com o traumático. Enquanto escrevia sobre isso, associei àquela outra vinheta (Matar o desejo, matar a saudade) em que mostrava a diferença entre a "falta" como abstinência e a "falta" como privação: a primeira relança o desejo e a segunda só produz sofrimento. Aqui, quando o traumático não foi elaborado, a renúncia só pode produzir sofrimento e, portanto, ódio e ressentimento.

Viver com os outros é sempre um desafio. O conflito entre os meus interesses e os deles é inevitável. Há coisas de que podemos abrir mão facilmente e outras não, sob pena de trair nossos valores e sacrificar excessivamente o que é importante. As decisões podem ser difíceis, e nem sempre encontraremos soluções satisfatórias. Tolerar o conflito ajuda a viver de forma mais verdadeira. Aceitar a própria verdade, mesmo que difícil, é melhor que o autoengano, e pode ser suficiente para que eu me sinta bem comigo mesma.

Trabalho psíquico: conter e transformar

> *Hoje o trabalho com o livro não foi produtivo. Não consegui sair do lugar. Fecho o computador e saio para minha caminhada. Mas não enxergo a paisagem. Estou perturbada, já não sei se o livro que estou escrevendo tem algum valor, se vou conseguir terminá-lo, se vai ser útil ou não. Não tenho como saber. Estou em crise. No meio do passeio consigo pensar que, mesmo se não der em nada, o esforço e a tentativa de escrevê--lo valem a pena.*

O aparelho psíquico é constituído por instâncias, cada uma em conflito com a outra, e também com a realidade externa. Quando a angústia é excessiva, o "modo defesa" é muito solicitado, o que consome parte da energia vital e do prazer de estar vivo.

Mas há conflitos e conflitos. Há situações em que o Eu se dilacera: 1) tentando se defender da força sísmica das pulsões que o ameaçam de desorganização; 2) tentando merecer o amor ou pelo menos não ser odiado por um supereu feroz e implacável; e

3) fazendo malabarismos para atender às exigências da realidade, o que inclui o fato nada desprezível de que existe o outro, com sua alteridade, seus desejos e necessidades.

Alguma harmonia entre as instâncias é possível, mas somente pelo esforço de um *trabalho psíquico constante*. Quando esse processo é suficiente, o "modo defesa" se atenua e é possível recuperar a energia vital que não estava disponível e usufruir temporariamente da reconciliação entre as instâncias.

Saio para meu passeio. Hoje a escrita empacou, digitei e deletei a mesma página mil vezes. Estou em crise. Pelo menos não fiquei totalmente desorganizada psiquicamente, tanto que consegui preservar minha rotina de caminhadas.

Durante o trajeto, sou assaltada por dúvidas: e se este livro for um projeto furado, nada a ver? E se for megalomaníaco? E se for "chover no molhado"? Se for publicado, imagino colegas lendo o livro e fofocando: "Que pena, uma psicanalista que parecia tão séria escrevendo sobre felicidade...".

Já não distingo se estou fazendo uma "avaliação objetiva" ou se estou sob um ataque invejoso do meu supereu cruel. Não enxergo mais a praia por onde caminho, penso em desistir do livro. Sei que, para parar de me debater comigo mesma e recuperar alguma condição de pensar, preciso realizar um trabalho psíquico. Mas preciso de ajuda, não consigo fazer isso sozinha.

Uma maneira de abordar o trabalho psíquico é por meio dos conceitos de *conter e transformar*, como propostos por Kaës (2012). Ele se refere à mãe com seu bebê: ela aguenta (mata no peito?) o impacto de suas (dele) angústias em estado bruto e lhes confere um sentido que ele possa usar para se acalmar. Quando essas funções são internalizadas, o sujeito se torna capaz, em alguma medida, de conter e transformar as próprias emoções: conter a angústia para conseguir transformar elementos beta em estado bruto em elementos alfa, em algo que já tem inscrição psíquica e pode ser usado para pensar.

Mas, como disse, precisamos de ajuda externa. Alguém que está se afogando não consegue puxar seus próprios cabelos para cima e sair da água. Da praia mesmo ligo para uma amiga querida em cuja capacidade de leitura confio muito. Ela leu o primeiro rascunho e acha que o projeto tem valor, não é chover no molhado, o texto ainda está imaturo, nada sai pronto da cartola, ainda tem trabalho pela frente. Ela refresca minha memória, lembra que já passei por isso muitas vezes.

Sua fala faz sentido para mim e me tranquiliza (obrigada, Lu!). É o primeiro tempo do trabalho psíquico: graças às suas palavras, consigo conter minha angústia. Isso abre a possibilidade do segundo tempo, que é o trabalho psíquico de *transformação*.

O que seria isso? Quando entrei em crise, o livro ficou mal-assombrado: no meu "pesadelo", meus colegas estão falando mal do livro e de mim. O trabalho psíquico vai me permitir transformar o livro-pesadelo num livro-*work-in-progress*. E com esse livro eu consigo me relacionar, já não tenho vontade de desistir. Ao contrário, tenho vontade de continuar investindo e trabalhando nele.

Em outros termos, graças ao trabalho psíquico, minha relação com o livro muda: é verdade que ele ainda está fraco, mas não porque a ideia seja ruim, e sim porque o projeto está em andamento. É importante lembrar que só consigo dar o primeiro passo de ligar para uma amiga porque transfiro para ela – e ela é uma pessoa que tem o perfil para acolher essa transferência – um objeto interno bom.

Continuo caminhando e já estou mais calma. Aprecio o mar e as gaivotas e consigo pensar. De repente, me lembro de uma excelente interlocutora, perfeita para discutir essas ideias, porque, além de psicanalista, é filósofa. Envio-lhe uma mensagem. No dia seguinte, Dominique Bourdin responde dizendo que aceita ler e discutir minhas ideias. Ufa, já não estou sozinha neste projeto arriscado! Estou num momento mais integrado e sei disso porque agora experimento uma *leveza feliz*.

Muitas situações ou encontros ao longo da vida nos tiram do prumo e nos desorganizam. Regredimos, então, para uma posição menos integrada: as pulsões selvagens podem acordar de sua latência, o supereu pode se enfurecer e atacar com grande hostilidade, como me aconteceu hoje, quando o trabalho empacou.

Para os gregos, a felicidade está na sabedoria. O sábio é feliz porque pratica a arte de viver bem. O psicanalista falaria em *maturidade emocional*. Poderíamos definir a maturidade, e também a resiliência, como a capacidade de realizar, continuamente, o trabalho psíquico necessário para recuperar um estado de maior integração mental. Ser capaz de realizar o trabalho psíquico é, sem dúvida, uma aptidão à felicidade.

Objeto interno, objeto externo

> *Trabalhei neste texto e saio para meu passeio na praia. Subo e desço pirambeiras, aprecio a paisagem, paro para descansar e tomar uma cerveja. Vou pensando na vida, num diálogo contínuo com meus bons objetos internos. Gosto de caminhar sozinha, tenho prazer nesses momentos de solitude, sinto que sou uma boa companhia para mim mesma, e isso me faz feliz.*

Vimos, numa abordagem freudiana, que uma condição psíquica essencial para a felicidade é ter atravessado o luto primário, ainda que este não seja uma conquista definitiva. Com o conceito de encontrado-criado, o referencial winnicottiano nos levou para o lado da alegria, do empoderamento e da criatividade. São as condições psíquicas necessárias para que se possa ser sujeito da própria vida. Gostaria agora de abordar mais uma dimensão da felicidade, mais próxima da harmonia e da serenidade. E, aqui, o conceito de *bom objeto interno* me parece relevante (Spillius et al., 2011).

A vinheta anterior mostrou como o trabalho psíquico se inicia com o recurso a um objeto interno bom, transferido para algum suporte da realidade externa. Pode ser uma pessoa, mas também um filme, um livro, uma música. E, claro, o analista.

No pensamento kleiniano, estamos sempre em diálogo com algum objeto interno, resultado da *internalização de um vínculo intersubjetivo*. Internalizamos o vínculo com objetos bons, mas continuamos nos debatendo com os objetos maus, que funcionam como um corpo estranho. O supereu primitivo, como o denomina Klein, produz uma "irritação psíquica" contínua, pois não pode nem ser integrado, nem expulso do psiquismo.

Os objetos internos maus não são "meras fantasias", termo que dá a impressão de que é só assoprar para que essas criações psíquicas sombrias se dissipem como fumaça. O termo *alucinação* é mais preciso do que *fantasia* porque indica o retorno compulsório de experiências *perceptivas* traumáticas. A criança *percebeu*, mas não conseguiu elaborar a relação com objetos inadequados que a hostilizaram, atacaram e culpabilizaram.

O efeito do retorno alucinatório dos objetos maus é absolutamente concreto, aterrorizante, e produz estados mentais de desorganização e não integração. Gosto também do termo "mal-assombrado" porque as situações ligadas ao retorno do traumático têm um clima angustiante de pesadelo.

Mas posso estar em diálogo interno com um objeto bom. A sensação é de maior integração e harmonia. Projetado sobre o mundo, este é vivido como acolhedor e bom. Esse objeto é multifacetado, e cada faceta corresponde a uma necessidade do Eu que foi suficientemente reconhecida e atendida.

Se tenho prazer em caminhar sozinha pela praia é porque estou em diálogo interno com um ou vários aspectos bons do objeto.

Como vimos, em momentos de turbulência, posso projetar o objeto interno bom num suporte transferencial externo, o que me torna apta a pedir e a aceitar a ajuda do outro. Quando, graças a essa ajuda, minha angústia se atenua, consigo realizar o trabalho psíquico para tentar recuperar uma condição psíquica mais integrada.

Em outros termos, quando leio o mundo a partir de objetos internos bons, os efeitos são reais e concretos: experimento o mundo como um lugar acolhedor, me sinto bem-vinda, e a realização do desejo me parece possível. Mesmo em situações adversas, é possível "sustentar a esperança de que o que foi bom pode voltar" (Bourdin, 2012).

* * *

Durante meus passeios pela praia, me perguntei várias vezes se não gostaria de estar acompanhada por alguém. Minha caminhada seria mais agradável caso eu não estivesse sozinha? Claro que isso depende de quem seria essa pessoa. Ou seja, temos que reconhecer que o objeto externo não é construído apenas a partir da projeção de meu mundo interno. Ele tem uma realidade própria. Há objetos que nos acompanham numa relação de verdadeira parceria. E há objetos que, em função de suas próprias questões inconscientes, podem não ser uma boa companhia para esses passeios

Depois de um dia de trabalho intenso, seria muito bom passear acompanhada por alguém com quem eu ficasse completamente à vontade, isto é, cuja presença não me impusesse nenhum tipo de trabalho psíquico. Eu teria prazer em passear com alguém que está de bem consigo mesmo e que não depende de mim para nada. Refiro-me a não ter que "fazer sala", nem ter que me preocupar com seu estado de espírito.

Teria prazer em passar com alguém cujas observações e comentários acrescentassem algo ao meu olhar e ao meu desfrute.

E que sentisse a mesma coisa em relação àquilo que eu eventualmente comentasse. Por exemplo, se fico encantada com a luz do fim da tarde, adoraria estar com alguém que tem paixão por flores e que chamasse minha atenção para elas. Seria maravilhoso ampliar meu olhar.

Naturalmente, se a pessoa começasse a me dar uma aula de botânica, já sentiria sua presença como trabalhosa. De onde vem essa necessidade de exibir a mim seu conhecimento? Ela certamente está me confundindo com algum objeto interno seu, pois não me reconheço como alguém que pediu uma aula de botânica. A contratransferência indica que ela espera que eu a admire por seu conhecimento.

Pronto, eu já me sentiria obrigada a "cuidar" de suas questões emocionais e não conseguiria relaxar e ficar completamente à vontade. Nessa altura da minha vida, ser convocada a sustentar transferências fora da situação de trabalho me dá certa preguiça.

Imaginem estar passeando com alguém que ficasse reclamando porque está quente demais, ou porque não encontramos um bar com cerveja. Que preguiça estar com alguém que continua dando murro em ponta de faca!

Ou estar com alguém que me atropelasse com o seu próprio ritmo de caminhada. Que preguiça estar com alguém que não consegue enxergar o outro como outro-sujeito!

Ou caminhar com alguém que ficasse falando interminavelmente de um assunto que não me interessa. Que preguiça estar com alguém que transborda para seu entorno!

Em vez de acrescentar algo ao meu desfrute, esse tipo de companhia me daria trabalho. O "cheiro" do inconsciente do outro, fora da situação de análise, perturbaria meu sossego. Afinal, esses passeios me servem exatamente para descansar a mente, e não para continuar trabalhando.

Como vemos, caminhar pela vida acompanhada por bons objetos internos faz com que eu tenha prazer com a solitude. Me ajuda a reconhecer e evitar pessoas que não me fazem bem e buscar aquelas cuja companhia aumenta minha possibilidade de desfrutar da vida. E isso também compõe a aptidão à felicidade.

Gratidão

> *Depois de passar horas sentada em frente ao computador, saio para meu passeio pela praia. Enfrento o sol e as rochas. Hoje caminho ouvindo uma música que sempre me emociona: "Gracias a la vida que me ha dado tanto".[1] Tenho consciência de estar exatamente onde desejo estar, fazendo exatamente o que desejo fazer, e que isso me basta.*

O sentimento de gratidão (Klein, 1957/2006b) só é possível quando o objeto foi descoberto como outro. O sujeito descobre que a fonte de sua satisfação é o objeto. Claro que isso traz a ferida narcísica da dependência, mas também possibilita o amor objetal, essencial para a experiência de felicidade. É preciso aguentar depender do outro para conseguir receber e ser grato pelo que ele pode nos oferecer.

---

1 Letra de Violeta Parra e voz de Mercedes Sosa.

Afeto narcisicamente difícil, a dependência pode ser tolerada quando o objeto se manteve discretamente nos bastidores, no sentido de ter permitido, por um tempo suficiente, que o bebê tivesse a ilusão de ser a fonte de sua própria satisfação (experiências em encontrado-criado). Criam-se reservas narcísicas suficientes para sustentar a ambivalência e preservar o vínculo amoroso com o objeto mesmo quando ele nos frustra.

Volto à minha caminhada pela vida. Sei bem que este bar poderia não existir ou poderia não ter cerveja. Mas ele existe e tem cerveja. Sinto-me grata; amo a vida que me oferece a possibilidade de desfrutar desse prazer tão simples: um bar que tem cerveja. Amor e gratidão são os afetos que me permitem investir o que tenho, ao invés de me lamentar pelo que não tenho.

Quando estou funcionando no "modo gratidão", vejo o copo meio cheio, e não sua metade vazia. Sinto que estou exatamente onde desejo estar, fazendo exatamente o que queria estar fazendo, e isso me basta. Estou plenamente presente, nada perturba meu prazer em desfrutar o que é e o que existe. A gratidão permite uma experiência de plenitude, porque *naquele momento* amo o que sou e o que tenho, e nada me falta.

Obviamente, não é que não me falte nada na vida. Mas como não estou olhando para o que falta, e sim para o que tenho, o que falta se torna irrelevante. Não passa pela minha cabeça desejar um bolinho de bacalhau para acompanhar a cerveja, o que estragaria a plenitude do momento.

Caminhei muito e enfrentei vários obstáculos enquanto sonhava com a paz de um barzinho e de uma cerveja. Encontrei *este* bar e aqui encerro minha peregrinação. Posso repousar de corpo e alma. Desfruto cada gole da cerveja gelada. Amo este bar, crio um vínculo com ele; agora ele é o "meu bar".

O instante é precioso e, ao mesmo tempo, perfeitamente banal. É efêmero, mas o tempo da felicidade se dilata, tenho uma microexperiência de eternidade. Parafraseando Vinícius de Moraes, a felicidade é eterna enquanto dura.

A capacidade de sentir gratidão provém da qualidade dos vínculos que estabeleço com os objetos externos. E a qualidade desses vínculos depende dos meus objetos internos. Para poder ter bons encontros na vida, preciso ter tido bons "primeiros encontros" que me possibilitaram descobrir o outro enquanto outro-sujeito. Caso contrário, vou procurar e encontrar objetos que vão repetir os desencontros iniciais.

Do ponto de vista da possibilidade de experimentar gratidão em relação ao objeto, tudo se relaciona com tudo. Veja só.

Para sentir que o outro pode ser fonte de coisas boas, preciso transferir/projetar neles meus objetos internos bons. Mas, para dispor de objetos bons para projetar, preciso ter internalizado o outro como fonte de prazer. Quanto mais eu projeto meus objetos internos bons no mundo, mais o vivo como fonte de gratificação da qual posso usufruir e pela qual posso agradecer. E ao contrário: se projeto objetos maus, nenhum objeto externo poderá ser vivido como satisfatório. Todos vão me decepcionar. Obviamente, não haverá nada para agradecer.

A relação dentro/fora é complexa. Só consigo procurar no mundo externo os objetos que me convêm na medida em que eu tive boas experiências iniciais, pois vou buscar repetir essas boas experiências. Mas, mesmo se encontrasse o "objeto perfeito", eu poderia me decepcionar se tivesse em relação a ele expectativas da ordem do Absoluto. Ele será sempre insuficiente diante da desmesura da minha demanda.

E ainda: não vou sequer conseguir *reconhecer* um objeto que me convém se não houver tido essa boa experiência anteriormente. De certa forma, não há novos encontros com o objeto: todo encontro é um *reencontro*. E, para complicar, o outro não é um conjunto estático de características pessoais: posso convocar nele o seu melhor, mas posso convocar o seu pior. E, nesse caso, posso transformar qualquer objeto – mesmo um que seria suficientemente bom – num objeto mau, com o qual vou reviver os desencontros iniciais tidos com o objeto primário.

As experiências precoces e as atuais, o passado e o presente, a relação objeto interno/externo estão sempre em relação dialética. Nada é estático, nada é definitivo e tudo se relaciona com tudo: a realidade psíquica é altamente complexa. A possibilidade de ter bons encontros na vida e experimentar gratidão mostra que vários processos psíquicos interconectados foram suficientemente bem-sucedidos, e que a aptidão à felicidade está presente.

Ocupar um lugar no mundo

Fecho o computador e saio para meu passeio diário pela praia. Sinto-me revigorada pelo trabalho, pois é uma das coisas que dão sentido à minha existência. Longe de me deixar esgotada, ser produtiva me enche de energia para curtir a vida. Subo e desço as pirambeiras como se fosse bem mais jovem do que sou. A vida que construí me faz feliz.

A pulsão de vida, elemento fundamental da aptidão à felicidade, move o sujeito em direção a uma vida criativa, enquanto a pulsão de morte mantém o sujeito preso na esterilidade da compulsão à repetição. Murro em ponta de faca.

Já vimos como experiências bem-sucedidas em encontrado-criado produzem alegria e empoderamento, confiança em si e na vida, favorecendo a "instalação" da pulsão de vida. Ela se manifesta como prazer de viver e aptidão a transformar o mundo para viver de acordo com as próprias escolhas. Estas, por sua vez, são produto do (bom) encontro entre o gesto espontâneo e as respostas do ambiente à singularidade do *self*.

Quando a pulsão de vida predomina, a caminhada pela praia (e pela vida) é prazerosa porque estou feliz, e não o inverso. A própria caminhada é contingente, pode estar ou não estar. A Costa Rica e a cerveja também. Se estou de bem com a vida, ir até a esquina também pode me fazer feliz. Se eu estivesse infeliz, o mesmíssimo passeio pela Costa Rica não teria o mesmo encanto. Aliás, como qualquer lugar, ali não é o paraíso. É um lugar bonito, claro, mas um entre tantos. Cá entre nós, o Brasil é mais bonito.

Do ponto de vista da pulsão de vida, o que me faz feliz é sentir que ocupo plenamente um lugar no mundo, um lugar legítimo conquistado com esforço e que corresponde à realização do meu potencial enquanto ser humano. Além disso, estar de bem comigo mesma é sentir que o lugar que ocupo me representa, representa minha singularidade e me torna um ser humano único, *singular*, no mundo – lembrando que cada um de nós é um ser humano único no mundo!

Estou feliz por estar escrevendo este livro. Independentemente do resultado, já sinto esse esforço como uma conquista. Claro que vou ficar ainda mais feliz se o projeto for bem-sucedido. Mas o que me faz realmente feliz é perceber que a forma que este trabalho foi tomando tem a marca de um percurso e de um estilo pessoal. Reconheço nele um jeito de pensar e de escrever que foi amadurecendo ao longo de décadas.

Veja só: este livro me aconteceu, ele tinha que me acontecer neste momento da minha trajetória. Ao mesmo tempo, ele é uma grande surpresa, pois nunca acalentei o projeto de escrever sobre felicidade. Se não tivesse tido certa conversa com certa pessoa em certo momento da minha vida, a ideia de escrever sobre este tema não teria me ocorrido.

Permitir que a vida me surpreenda é *acolher o imprevisível*. Ao mesmo tempo, este livro *tinha que me acontecer* porque as condições para isso foram sendo preparadas durante anos. Obviamente, não de uma maneira consciente. Simplesmente uma coisa levou à outra, que me trouxe a estas *Notas*.

Entre as condições que consigo reconhecer, escrevi para você dois livros inteiramente em forma de diálogo (Minerbo, 2016, 2019a). Foi com eles que desenvolvi e me apropriei de um jeito leve, mas (espero) suficientemente consistente para falar de psicanálise.

Em paralelo, escrevi artigos e criei o blog *Loucuras cotidianas*, em que analiso temas da vida comum (Minerbo, s.n.). O blog, por sua vez, é herdeiro de uma coluna que tive na *Folha de S.Paulo* há muitos anos, chamada "Coisas loucas".

Como você vê, uma coisa leva à outra, e o tema "felicidade" não estava tão longe assim. E a forma que encontrei para escrever sobre ele tem tudo a ver com a singularidade da minha trajetória, como é singular a trajetória de cada um de nós. Cada um de nós é um *blend* único – o mundo dos vinhos é uma boa metáfora para falar da mistura complexa, sutil e surpreendente que resulta da combinação de uvas diferentes.

Isso me remete ao conceito japonês de *ikigai* (Garcia & Miralles, 2018): é a razão de ser de alguma coisa, mas também ter uma razão para ser e para viver, um motivo para acordar todos os dias. Ter um *ikigai* implica amar o que se faz e ter alguma habilidade para aquilo, de modo que a atividade seja ao mesmo tempo prazerosa e fonte de autoestima. O *ikigai* pode ser pensado como uma versão japonesa do gesto espontâneo e do equilíbrio entre libido narcísica (investir em algo de que me orgulho) e libido objetal (investir em algo que me dá prazer).

Ter um *ikigai* é se esforçar para entregar ao mundo o melhor de si. Criar filhos da melhor maneira possível, assar o melhor bolo que puder ou produzir o melhor texto possível. Esse é para mim o sentido de "cura" em psicanálise: o objetivo de uma análise não é a remissão dos sintomas, muito menos uma adaptação ao mundo, mas o pleno desenvolvimento de um potencial, como se diz de um queijo bem curado (Herrmann, 2000). Nesse sentido, me sinto "curada", e espero estar entregando para você degustar um livro/queijo que está no ponto, nem muito verde, nem maduro demais.

Tudo isso para dizer que, do ponto de vista da felicidade, é importante olhar para o caminho percorrido e ter a sensação de estar construindo e de ocupar um lugar próprio e único no mundo. Um lugar em que, paradoxalmente, o *imprevisível* e o que *tinha que acontecer*, se combinaram para produzir este momento que estou vivendo agora. É uma alegria sentir que venho realizando meu potencial e que vim ao mundo para fazer exatamente o que faço. Ocupar um lugar no mundo – um lugar que me representa, que tem a minha cara – e reconhecer naquilo que sou e faço um estilo próprio são elementos que compõem a aptidão à felicidade.

Sublimação

Faço minha caminhada na praia e você, leitor(a), me acompanha. Olho para o mar, mas quase não o vejo, pois minha mente está ocupada pelo livro. Aqui e ali chegam as ideias, tenho medo de que sumam. Há uma excitação, a mente fervilha, preciso voltar logo para casa para continuar a escrever. Ver as páginas surgindo, primeiro como um rascunho confuso, aos poucos mais buriladas, me faz feliz. Imaginar que o texto poderá lhe dar prazer me dá prazer.

A sublimação nos foi apresentada por Freud como um dos destinos da pulsão. Mais do que um destino alternativo, a sublimação pode ser pensada como uma forma de *gestão da economia pulsional* (Roussillon, 2010, 2020). É o processo necessário para a transformação da pulsão de um estado inicial, desligado da representação, para outro, ligado a alguma representação. Graças a essa transformação, a pulsão pode ser integrada e ser colocada *a serviço* do funcionamento do aparelho psíquico, e não *contra* ele (a pulsão "desencapada" da representação "ataca" e desorganiza o aparelho psíquico).

Em sua origem, a sexualidade infantil não tem possibilidade da descarga; além disso, alguns modos de satisfação da pulsão estão socialmente interditados. Daí a necessidade da transformação para que uma finalidade viável seja encontrada. Ou seja, uma das saídas do psiquismo para "domar" o potencial traumático e disruptivo da pulsão é a sublimação.

Para tanto, a pulsão sexual precisa encontrar um novo objeto, e esse objeto é a *representação*. Em outros termos, sublimada, a pulsão sexual se satisfaz também na e pela própria atividade de simbolizar. A vinheta traz a excitação sexual ligada à atividade de pensar, quando ela é erotizada. E a necessidade de descarga pela via da escrita. O prazer em sua forma sublimada está lá. Nas minhas fantasias de desejo, caminho pela praia, mas nem enxergo o mar porque estou antecipando o prazer da escrita e o prazer do(a) leitor(a), o que me dá ainda mais prazer.

A sublimação tem um papel importante ao longo de todo o processo de subjetivação. O processo permite ter prazer em criar, pensar, imaginar, sonhar – e isso em todas as formas de linguagem disponíveis para o ser humano: representações visuais, táteis, sonoras, motoras, verbais e outras. Essa forma de gestão da vida pulsional não é importante apenas para nossa saúde mental, mas também *para se estar plenamente no mundo*. São conquistas civilizatórias essenciais. Pois é no mundo que o sujeito vai encontrar--criar as representações mais aptas a acolher e a satisfazer a pulsão. No meu caso, a escrita.

A excitação sexual descrita na vinheta é necessária para mobilizar o desejo, mas não garante o trabalho de transformação da pulsão: há também um embate com a realidade do texto. A transformação exige, justamente, a criação de uma *forma* que acolha a pulsão. Escrever e ver as páginas surgindo é prazeroso, mesmo que haja uma luta constante com as palavras.

O trabalho de transformação poderia estar inibido, por exemplo, por um supereu que exige o recalque excessivo da sexualidade. A excitação estaria lá, mas a impossibilidade de criar a forma que a acolha seria motivo de sofrimento. Estaria paralisada diante da página em branco.

No caso de um texto, essa forma é a própria escritura. Pensar por escrito, encontrar a melhor frase para aquela ideia, escrever linha por linha, é dar um destino à energia sexual. A pulsão é contida, no duplo sentido de "domada" e de ser acolhida. Ela encontra, na forma que o texto vai assumindo, tanto um destino quanto um continente.

Em se tratando de sublimação, o valor social da forma encontrada/criada, o reconhecimento pelos outros, também conta. O equilíbrio entre esse prazer narcísico e o prazer por ter colocado no mundo uma forma adequada, uma forma "resolvida", indica que a transformação da pulsão pela sublimação foi bem-sucedida.

Para que a simbolização seja fonte de prazer, certas condições psíquicas precisam ser encontradas no vínculo primário.

Uma delas é que tenha havido satisfação suficiente na relação com o ambiente. O prazer precisa ter sido "acordado" no seio das primeiras relações intersubjetivas. E isso depende do prazer que a mãe pôde (ou não) experimentar no vínculo com seu bebê.

Outra, como mencionei, é que o supereu não tenha exigido um excesso de recalque da sexualidade, que autorize a sublimação. Dessa forma, não é preciso renunciar ao desejo, apenas a certas formas de sua realização. O supereu interdita a realização do desejo pelo ato, mas autoriza a realização por sua representação simbólica, tornando possível a contínua renovação do prazer e da alegria.

As respostas que o ambiente pôde dar às primeiras manifestações da sublimação por parte da criança também são fundamentais. Por exemplo, compartilhando o prazer de brincar. Além disso, o ambiente precisa ter sido capaz de reconhecer não apenas o valor do produto, por exemplo, um desenho, mas também, e principalmente, o valor do próprio trabalho psíquico envolvido no processo.

Lembrei-me agora de uma situação de infância em que o ambiente valorizou minha incipiente capacidade de sublimação, o que provavelmente contribuiu à existência deste livro. Eu devia ter uns 6 ou 7 anos e a professora propôs uma redação cujo título era: "Entrei no meu quarto, acendi a luz e...". Lembro-me de ter escrito que vi meus brinquedos vivos, que eles tinham organizado uma festa etc. O fato de que a redação foi lida para a classe certamente teve valor narcísico e fez com que eu investisse a escrita positivamente. Mas o fato de que minha imaginação "deu prazer à professora" – representante de minha figura parental – também contou. Novamente, vemos aqui um equilíbrio delicado entre libido narcísica e objetal.

Retomando a vinheta, se encerro meu passeio com pressa de voltar para casa para retomar o texto, é porque por meio da escrita revivo, inconscientemente, algo que já vivi – e que continua vivo e ativo na criança-em-mim:

- O prazer narcísico da valorização da atividade e do processo de criar uma forma pela escrita.
- A antecipação do prazer que meu texto – caso sua forma seja bem-sucedida – pode dar a você, leitor(a).

Veja que interessante: a sublimação me permite, me autoriza, um encontro erótico (sublimado) com você, leitor(a). Isso significa que, por meio deste livro, posso satisfazer minha pulsão sexual num encontro socialmente valorizado. E, se você tiver prazer ao lê-lo, também estará satisfazendo a sua pulsão de forma sublimada. Ou seja, nós dois podemos ter prazer juntos graças ao livro: do meu lado, escrevendo para você curtir a leitura; do seu lado, curtindo a leitura e ampliando seus horizontes a partir dela. Fico feliz ao imaginar que sou capaz de te dar prazer. Encontrar maneiras socialmente valorizadas de ter uma troca erótica sublimada com o outro é um dos elementos que compõem a aptidão à felicidade.

Amar I

Meu texto sobre felicidade avança, mas tem seu ritmo, não adianta forçar. Quando sinto que "por hoje, deu", fecho o computador e saio para um longo passeio pela praia. Cheguei aqui há um mês. Cada caminhada reforça meu vínculo com o lugar. Amo a Costa Rica. Cada cantinho se torna significativo: o vilarejo, a praia cheia de grandes rochas negras, a trilha no meio do mato que sobe pela montanha. O prazer de reencontrar e de desfrutar esses pequenos amores todos os dias preenche minhas caminhadas e me faz feliz.

Todos já ouvimos a máxima freudiana segundo a qual ser capaz de amar e trabalhar é sinal de saúde mental. Claro que todo mundo sabe o que é amar e trabalhar. É menos evidente, contudo, entendermos quais são os processos psíquicos engajados nessas importantes ocorrências da vida.

Grosso modo, trabalhar – e aqui me refiro a uma atividade que envolve a subjetividade, e não a uma tarefa realizada mecanicamente – é a capacidade de agir sobre o mundo para transformá-lo, deixando nele uma marca pessoal e, ao mesmo tempo, sendo transformado por ele (o trabalho). Pode ser assar um bolo ou escrever um texto. Já amar é uma categoria ampla que se refere à capacidade de investir libido nos objetos e de criar vínculos significativos e prazerosos com eles. Pode ser alguém, alguma coisa, uma atividade. Se eu amo um lugar, ele acaba fazendo parte da minha economia psíquica.

Por que o amor é tão importante para o ser humano? Por que a aptidão à felicidade depende da capacidade de amar alguém ou alguma coisa? Estou colocando em evidência o amor objetal, no qual um objeto é investido por aquilo que ele é. No amor narcísico, o Eu investe libido no objeto com vistas ao retorno que tal investimento vai dar. Ambos são essenciais, é claro, mas é principalmente o amor objetal que está engajado na aptidão à felicidade, pelo menos em sua vertente progressiva.

A psicanálise tem grande apreço por Eros, termo que nasceu na mitologia grega. Mas o sentido é bem diferente nos dois contextos – da psicanálise e da mitologia.

Entre os gregos antigos, Eros é o deus do amor no "modo" paixão, um anjinho que anda com um arco e flechas e fica distribuindo flechadas por aí. Se você for atingido(a), da noite para o dia não consegue mais viver sem aquela pessoa. Esse é um exemplo de amor narcísico, pois é tudo "sobre mim": a pessoa vai *me* completar, *me* salvar de uma vida medíocre, *me* resgatar das minhas dores e sofrimentos, *me* fazer plenamente feliz. Como já vimos, essa é uma felicidade do tipo regressivo.

Mas, para a psicanálise, Eros é um conceito. Descreve um regime de funcionamento mental pautado pela capacidade de: 1) fazer ligações psíquicas; e 2) criar e sustentar vínculos com os objetos do mundo.

1) No funcionamento psíquico pautado por Eros, as energias e as excitações que atravessam o aparelho podem ser ligadas a representações e retidas em seu interior, ao invés de serem imediatamente descarregadas. Essa força pulsional (de vida) é usada para realizar trabalho psíquico.

Nesse sentido, Eros trabalha a favor da complexificação da vida psíquica. Eros, aqui, é a própria pulsão de vida que mantém o psiquismo funcionando num sentido *progressivo*, fazendo, desfazendo e refazendo novas ligações.

Até o luto é comandado por Eros, já que é o processo por meio do qual a libido é retirada do objeto perdido para ser reinvestida em novos objetos. Por isso Eros é também pulsão de vida, oposto de Tânatos, pulsão de morte, força psíquica que trabalha *contra* as ligações psíquicas e *contra* os vínculos com o objeto – Green (1988b) chamou esse processo de desobjetalização.

2) Quando criamos um vínculo com um objeto, ele se torna *significativo*, isto é, passa a fazer parte da nossa economia psíquica, contamos com ele. Quando o vínculo é de amor, o objeto se torna parte de nossas experiências de prazer, de alegria e de felicidade.

Na vinheta, o passeio pelo vilarejo e pela praia na Costa Rica passou a fazer parte da minha economia psíquica. Conto com esse objeto, mas não é só isso: ele se torna uma referência identitária, eu me reconheço nesse passeio, meu Eu renasce nesse vínculo todos os dias. Se o lugar sumisse de repente, um aspecto do meu Eu ficaria "no vácuo", como nos aconteceu na pandemia.

Retomo aqui uma ideia que adiantei anteriormente. Freud reconheceu e diferenciou o amor narcísico do amor objetal. Narcísico quando o objeto sustenta o narcisismo e confirma o valor do Eu: "Eu (sujeito) te amo porque você (objeto) me ama". E o amor pode ser objetal quando o objeto, por suas próprias características, propicia experiências de prazer e de alegria. Ambas as formas de amor fazem parte da economia psíquica, e idealmente há um equilíbrio entre elas: amamos o objeto por aquilo que ele é e por aquilo que nos proporciona.

A felicidade progressiva supõe um equilíbrio entre essas formas de amor. Você vai concordar comigo que é melhor ser amado(a) também pelo que você é, e não só pelo que proporciona a quem diz que te ama; vai preferir que o outro se importe com você, com o que te faz feliz, e não só consigo mesmo.

O amor não depende da qualidade intrínseca do objeto amado. Amo um filho com todos os seus defeitos, amo coisas imperfeitas, e, porque os amo, sua simples existência me faz feliz (Comte-Sponville, 2000). O segredo do amor parece ser, então, a capacidade de criar e de sustentar *certo tipo de vínculo, isto é, de investimento* no objeto, de torná-lo significativo.

Enquanto psicanalistas, conhecemos pessoas que, por vários motivos, não conseguem amar. Não conseguem criar, ou então não conseguem sustentar, vínculos significativos nem com uma atividade, nem com uma pessoa, nem com algo vivo como um cachorro, plantas ou flores. A clínica mostra que, sem isso, é difícil ser feliz.

Isso nos remete, evidentemente, ao vínculo primário, aquele no qual começamos a *nascer psiquicamente*. A mãe suficientemente boa "ama seu bebê", isto é, ela deseja com todas as fibras do seu ser que seu bebê viva. Deseja que ele continue existindo e, para isso, investe nele toda a libido de que é capaz. Esse investimento maciço acorda o bebê para a vida psíquica. Ao mesmo tempo, ela se coloca disponível para que a recíproca possa acontecer, isto é, para que o bebê consiga criar e sustentar um vínculo com ela. "Pode investir em mim, não vou sumir, você não vai ficar no vácuo."

O vínculo primário é ocasião de desenvolvimento para ambos, cada um se percebendo capaz de dar prazer e de transformar o outro. Está sendo instalado o chip da capacidade de fazer vínculo com os objetos do mundo. Dificuldades importantes no estabelecimento do vínculo precoce afetam a capacidade de criar vínculos pela vida afora e, por consequência, a aptidão à felicidade. "Amo a Costa Rica" significa que desfruto deste lugar tal como ele é. Significa que este lugar, por suas características, me permite sentir prazer; ou, ainda, que meu prazer tem a ver com o vínculo que criei com a Costa Rica. Poder desfrutar daquilo que amo me faz muito feliz.

Amar II

> *Meu texto sobre felicidade avança, mas tem seu ritmo, não adianta forçar. Quando sinto que "por hoje, deu", fecho o computador e saio para um longo passeio pela praia. Cheguei aqui há um mês. Cada caminhada reforça meu vínculo com o lugar. Amo a Costa Rica. Cada cantinho se torna significativo: o vilarejo, a praia cheia de grandes rochas negras, a trilha no meio do mato que sobe pela montanha. O prazer de reencontrar e de desfrutar desses pequenos amores todos os dias preenche minhas caminhadas e me faz feliz.*

Disse no texto anterior que é no vínculo primário, graças ao investimento libidinal maciço da mãe, que o bebê começa a nascer psiquicamente. Vale a pena sublinhar que, assim como começamos a nos tornar quem somos nesse primeiro vínculo, *continuamos a nos tornar quem somos em todos os vínculos significativos que estabelecemos pela vida afora* (entre eles, no vínculo analítico). Enfim, eu continuo a nascer psiquicamente todos os dias no vínculo de amor que estabeleço com meu trabalho, com um livro ou com uma pessoa próxima. E também aqui com este lugar, a Costa Rica.

Todos os dias, a Marion-na-Costa-Rica está *ativada*, como certas funções do celular. Lembro a você que estou morando aqui por três meses. Trabalho, cozinho, lavo roupa e passeio por essas praias todos os dias. Como disse, criei um vínculo de amor com este lugar. Se o vilarejo aqui perto, chamado Montezuma, deixasse de existir, se fosse esmagado pela especulação imobiliária, essa Marion seria *desativada*, deixaria de existir.

O que significa *desativar* essa Marion? Significa que "ela" não desfrutaria mais do único mercadinho mambembe de Montezuma. Não mais olharia com pena para os pés de alface murchos por causa do calor. Não compraria as *tortillas* que curte todos os dias de manhã, com o café. Aos sábados, não desfrutaria mais da simpática feirinha de produtos orgânicos, local de encontro entre o pessoal alternativo e os produtores locais.

Se, em vez de dizer Marion-na-Costa-Rica, eu dissesse Marion na Costa Rica, sem hífen, eu estaria afirmando que, se a Costa Rica deixasse de existir, a Marion continuaria existindo tal qual. Mas não é assim, porque todos esses pequenos acontecimentos de que gosto agora fazem parte de quem *sou* enquanto estou aqui.

Em outros termos, quando a Marion-na-Costa-Rica está ativada, eu "sou" cada detalhe desse cotidiano do qual desfruto. Cada um contém/sustenta/faz nascer um pedacinho do meu Eu que vai deixar de existir quando não estiver mais aqui. Ficarão as memórias, o que é importante. Mas, no lugar da felicidade de desfrutar do que gosto, fica a saudade do que amei e não tenho mais.

Apreciar qualquer paisagem bonita é um prazer sensorial. Mas, se eu tenho um vínculo de amor com este lugar, além do prazer, tenho a experiência de felicidade por estar desfrutando da presença do objeto amado. É a mesma diferença que existe entre transar com um(a) parceiro(a) qualquer e fazer amor com a pessoa amada. É por isso que a capacidade para o amor objetal, isto é, a capacidade de criar e sustentar vários vínculos significativos, é uma condição psíquica para a aptidão à felicidade, pois usufruir daquilo que se ama é a própria felicidade.

Trabalhar

Passei a tarde escrevendo este texto. Fecho o computador e saio para um passeio pela praia. A paisagem é bonita, a caminhada é prazerosa. A ela se junta outro prazer, o de ter produzido, e a alegria de ver o texto nascendo. Passear é agradável, mas trabalhar naquilo de que gosto, e que sei fazer, me faz feliz.

Já mencionei a ideia freudiana de que amar e trabalhar são fundamentais para a saúde mental.

Trabalhar é investir libido na atividade de produzir alguma transformação no mundo, desde assar um bolo até escrever um texto. Nesse sentido (não estou falando de trabalho remunerado), trabalhar é tão fundamental quanto o brincar das crianças. O podcast de Christophe Dejours (2022) sobre o sofrimento psíquico no trabalho me ajudou a pensar de que maneira e em que sentido o trabalho pode ser um dos elementos que compõem a aptidão à felicidade.

Trabalhar – ele se refere a um "trabalho vivo" – é diferente de executar uma tarefa (mecanicamente) porque há espaço para a subjetividade e envolve alguma criatividade. Trabalhar é acrescentar um tijolinho na construção desse edifício gigantesco que é a nossa civilização. Nossa contribuição pode ser um bolo, um filho, um texto. O importante é que nossa passagem pela vida deixe alguma marca e tenha valor para alguém.

Quando o trabalho é vivo, engajamos libido objetal e narcísica na produção de alguma coisa. Se há libido objetal, aquela atividade pode me proporcionar prazer. Curto trabalhar, curto fazer o que faço. E, como a libido narcísica também está envolvida, o trabalho tanto pode ser fonte de sofrimento (narcísico) quanto aumentar minha autoestima.

Quais são os elementos do funcionamento psíquico engajados na atividade de trabalhar?

Uma primeira condição é ser capaz de tolerar as tensões psíquicas que inevitavelmente vão surgir, sem a necessidade de se livrar delas imediatamente. Há o sofrimento inerente ao confronto com a realidade, por exemplo, com aquilo que preciso pesquisar e aprender para ser capaz de fazer aquilo a que me proponho. Para fazer um bolo, preciso descobrir quais são os ingredientes necessários, ir atrás deles, saber como misturá-los, em que ordem, qual a temperatura do forno mais adequada para aquele bolo. Como diz o ditado, "quem tem pressa come cru": quem não aguenta as tensões inerentes ao processo não obterá um bom resultado.

Mas preciso tolerar também a angústia inerente ao *confronto comigo mesma*, com o meu narcisismo. Nesse sentido, trabalhar implica a capacidade de negociar com meus ideais e com meu superego. Se eu exigir de mim o melhor bolo do mundo, o mais original, o mais gostoso, o mais bonito, a onipotência e o medo de fracassar vão me atrapalhar. Se eu não desistir antes de começar, é bem provável que eu me decepcione com o resultado. Enfim, no confronto comigo mesma vou ter de abrir mão da onipotência infantil para ser capaz de me contentar com um resultado suficientemente bom. E meu narcisismo precisa aguentar que nem todos vão gostar daquele bolo.

A vinheta mostra que o trabalho de escrever este livro me faz feliz. *Passear é agradável, mas trabalhar naquilo de que gosto e que sei fazer me faz feliz.* Em que condições psíquicas isso é possível?

Primeiro, como já mencionei, um trabalho vivo é uma atividade na qual estou muito investida. Não é uma tarefa burocrática da qual tenho que me desincumbir mecanicamente. Ao contrário, é um espaço para a expressão da minha subjetividade. E, como gosto do que faço, estou realmente lá, me sinto comprometida, o tema me habita, dou o melhor de mim e não estou escrevendo de qualquer jeito. Isso é importante para que o produto do meu trabalho – e de qualquer pessoa – tenha qualidade.

Quanto maior o meu investimento, mais aquele trabalho me representa. De modo que, além de permitir a expressão do Eu, ele é uma mediação essencial para a *construção* do Eu. "Eu me sinto *realizada* com o que faço." Percebe-se que, graças ao trabalho, o Eu se realiza, isto é, desenvolve seu potencial, aumenta sua potência, sua autoestima, a confiança em si mesmo. Portanto, trabalhar não envolve só transformar o mundo: envolve transformar a si mesmo. A cada conquista, *vêm ao mundo novos aspectos do Eu*.

Ninguém trabalha só para si mesmo. Muitas vezes trabalhamos *com* os outros, e sempre trabalhamos *para* os outros. Se asso um bolo, desejo que alguém o coma. Se escrevo um texto, espero que alguém o leia. Como o outro está sempre no horizonte, trabalhar implica me expor a ele e correr riscos. Alguém vai julgar se meu bolo está gostoso, se meu texto está interessante. (Espero que esteja!)

Dejours (2022) se pergunta por que alguém estaria disposto a correr esses riscos. Segundo ele, é porque a pessoa espera uma *retribuição*. Esta pode ser material, como dinheiro. Mas há retribuições simbólicas que são tão ou mais importantes que o dinheiro. Se empenho um esforço para realizar algo, espero que alguém aprecie o fruto do meu trabalho e sinta alguma gratidão por eu ter colocado um objeto no mundo. "Obrigado(a) por ter feito este bolo" ou "por ter escrito este texto".

Outra retribuição simbólica é o julgamento do outro sobre a *qualidade* do trabalho realizado: "este bolo está gostoso"; "este texto é útil". Quando o julgamento é favorável, sinto que, por meio do meu trabalho, conquistei um lugar no mundo, principalmente se o reconhecimento partir de alguém que entende do assunto. Ou seja, graças ao trabalho: 1) continuo construindo minha identidade todos os dias da minha vida; e 2) o trabalho me insere no mundo, na coletividade, e graças a ele crio vínculos sociais.

O julgamento dos outros pode ser também sobre o estilo e a originalidade do produto do meu trabalho, o bolo ou o texto. Como sabemos, um bolo de laranja (amo bolo de laranja!) assado por pessoas diferentes terá "estilos diferentes". É uma alegria quando o meu estilo é reconhecido e apreciado enquanto tal, porque não só estou incluída na coletividade, mas estou incluída com minha singularidade. É uma alegria sentir que tenho um lugar no mundo sendo eu mesma.

Trabalhar pode ser fonte de prazer e de alegria quando sinto que o produto do trabalho me representa, quando há espaço para a expressão da minha subjetividade e quando me insere num espaço de trocas no seio da coletividade humana. Contribuir, nem que seja um pouquinho, para a construção desse grande edifício que é a nossa civilização é uma forma de estar plenamente no mundo e dá sentido à nossa existência. Nesse sentido, ser capaz de trabalhar compõe a aptidão à felicidade.

Ser sujeito, agir, realizar

Encerro o dia de trabalho e saio para minha caminhada pela praia. Adoraria tomar uma cerveja gelada. Pergunto para as pessoas se tem algum barzinho por ali, gasto um tempo pesquisando no Google Maps. Descubro que, infelizmente, não vou poder tomar minha cerveja. Pelo menos não fiquei contando com a sorte. Fui atrás, fiz o que pude, e fico feliz com isso.

Para Comte-Sponville (2000), felicidade e esperança se situam em campos opostos da experiência. A felicidade se dá no presente, enquanto "ter a esperança de algo" nos remete ao futuro e, por isso, implica *estar triplamente na falta*.

De fato, se eu digo "espero poder tomar uma cerveja", é porque: 1) não estou realizando o meu desejo, não estou desfrutando da cerveja, de modo que não posso estar feliz; 2) não sei *se* poderei tomar a cerveja, portanto não sei se em algum momento poderei desfrutar dela; 3) tomar a cerveja não depende de mim, então não tenho como realizar o que desejo, pois, se dependesse exclusivamente de mim, eu já estaria fazendo o necessário para isso, e não precisaria "ter esperança de".

Ao invés de "ter esperança", no sentido de contar com a sorte, ou esperar que alguém me proporcione o que desejo, é melhor tomar as rédeas da situação nas minhas mãos: ser sujeito da minha vida. É melhor agir, estudar as condições da realidade. Ou existe um barzinho e vou poder tomar a cerveja, ou não existe e não há nada que eu possa fazer.

Não se trata de se conformar com as coisas como elas são. Ao contrário, a ideia aqui é ser ativo, é agir, explorar a realidade e conhecê-la. Só assim poderei descobrir o que depende de mim para ir atrás. E o que não depende de mim, não depende de mim. Como diz Bourdin (2000, separata fornecida pela autora em comunicação pessoal),

> *a resignação não é a única saída realista. Há uma alegria em compreender o real e em se confrontar com ele; há uma felicidade em conhecer a realidade do mundo e dos outros. Nada disso evita os riscos da infelicidade, mas permite que eu seja feliz com a realidade, e não apesar dela.*

Bourdin, psicanalista, aponta para os limites do raciocínio de Comte-Sponville, filósofo. Em comunicação pessoal, e com toda razão, mostra como é importante ter esperança no sentido de sonhar, de imaginar, de esperar encontrar algo que se deseja. Se não sonho com nada, a vida mental está vazia, nem saio do lugar. Além disso, para reconhecer o que estou procurando quando aquilo se apresentar na realidade, preciso ter sonhado com aquilo. Nesse sentido, *esperar por algo* não é estar na passividade, nem contar com a sorte: ao contrário, já é um ato psíquico e, nesse sentido, ativo.

A psicanálise tem instrumentos que o filósofo não tem. O conceito de encontrado-criado (ou criado-achado) mostra que, se o bebê não tiver a "esperança" de encontrar o seio, se ele não puder imaginar o seio, se não tiver alguma *preconcepção* daquilo que procura, não poderá reconhecê-lo quando ele se apresentar. O bebê só reconhece o seio porque estava esperando por ele.

Por outro lado, *agir* nem sempre é ir atrás do que se deseja, daquilo com que se sonhou. Pacientes cujo psiquismo funciona no "modo operatório" estão o tempo todo *agindo*, justamente porque não conseguem imaginar e projetar um futuro. Sua vida é vazia e tediosa, porque ficam presos à concretude do presente. Estão sempre fazendo alguma coisa, mas não é para ir atrás de um sonho, e sim para evacuar angústias e preencher o vazio.

"Espero que este livro fique bom." Sonho com um livro que seja gostoso de ler e que acrescente algo ao tema. Nesse sentido, não basta "esperar", preciso agir, fazer o que depende de mim: trabalho, ponho a mão na massa, escrevo. Por outro lado, o resultado pode ficar comprometido se eu estiver excessivamente projetada no futuro, só sonhando com o resultado. Portanto, não se trata de demonizar o sonho e a esperança, e sim de reconhecer aqui mais uma aptidão para a felicidade: ser sujeito da própria vida, pôr a mão na massa para tentar realizar o sonho e sonhar para pôr a mão na massa de um jeito que faça sentido.

A criatividade como fundamento do psíquico

> *Tudo começou com uma conversa meio à toa sobre felicidade. Um ou dois meses depois, estou caminhando pela praia e, do nada, sou assaltada pela vontade de escrever sobre esse tema. Já não vejo a paisagem, não percebo mais o sol escaldante, não sinto sede. Estou inteiramente mergulhada na atividade de pensar, imaginar e criar. Entre subidas e descidas, entre o céu e o mar, o texto começa a nascer. A perspectiva de criar, de escrever este livro, me faz feliz.*

Já vimos de que maneira a *sublimação* pode ser um dos elementos que compõem a aptidão à felicidade. No plano freudiano, criar é fonte de prazer, porque a pulsão sexual se satisfaz na e pela representação.

Mas, em outro plano, agora segundo Winnicott (1975; 1990/1958), criar é uma necessidade psíquica. O encontrado-criado, experiência que já abordei por outros ângulos, vai ser retomado aqui como *primeira atividade criativa da mente do bebê*.

Graças à criatividade primária, o bebê constrói uma ponte entre a realidade interna e a realidade externa, entre o seio que ele alucinou (em sua realidade psíquica) e o seio que ele encontrou (na realidade material). Só então o seio encontrado se tornará o "seu seio", o seio "para si".

Esse já é um seio *simbolizado*, "digerido", "domesticado", que pode ser apropriado e integrado. A integração tem o dom de pacificar o Eu, de trazer de volta a harmonia perturbada pelo confronto com a alteridade (do seio). É um dos motivos pelos quais criar pode produzir prazer e alegria.

Partindo dessas ideias, Roussillon (2020) propõe que a *criatividade seja o próprio fundamento do funcionamento psíquico*. A capacidade psíquica de *criação de símbolos*, a aptidão humana para *criar diversas formas da linguagem*, é a própria criatividade como fundamento do psíquico. A criatividade psíquica está a serviço da apropriação subjetiva da alteridade – do não eu – com que a vida nos confronta.

No caso do bebê, ele precisa "tornar seu" o seio que ele encontra. No meu caso, a vinheta descreve como fui abruptamente confrontada com a alteridade do tema da felicidade. E que, de repente, *sou assaltada pela vontade de escrever sobre o assunto*. De onde vem esse "assalto"? É *desejo* de criar, experiência erótica de sublimação da pulsão, produtora de prazer? Ou *exigência* de criar, como forma de me apropriar e de integrar em mim o traumático da alteridade desse novo tema?

Acho que são as duas coisas ao mesmo tempo.

A vinheta mostra o momento da emergência da excitação sexual, sou assaltada pelo desejo de criar, é um ataque pulsional, a pulsão em estado bruto. O *desejo* me desorganiza, não vejo mais nada, não sinto sede. Será preciso *sublimar* essa excitação, dar um destino a ela para "domesticá-la".

Mas a vinheta mostra também que eu preciso escrever, é uma necessidade, uma *exigência psíquica*, preciso "domesticar" o meu encontro selvagem com um tema radicalmente novo para mim – a conversa que tive há um mês sobre felicidade. Aqui fui assaltada não pela pulsão, mas pelo tema. Preciso "digerir" esse encontro.

Em outros termos, o projeto de escrever um livro sobre felicidade atende a essa dupla necessidade. Ele permite a articulação entre o desejo de criar (sublimação da sexualidade) e a exigência de criar (para elaborar o traumático do encontro com a alteridade/o tema desconhecido para mim).

Trata-se, enfim, de recuperar alguma harmonia interna pela via desta *dupla integração, da pulsão e do traumático*. Porque, como vimos, a harmonia foi perdida uma primeira vez, há um mês, quando fui confrontada pelo tema que me tirou da zona de conforto do meu repertório psicanalítico habitual. E uma segunda vez, hoje, quando fui *assaltada* pelo desejo de escrever sobre ele.

O caminho da integração passa pelo processo do encontrado--criado. Como já disse, assim como o bebê cria o "seio para si", domesticando o seio encontrado na realidade, vou precisar criar a "felicidade para mim" a partir dos estudos que puder fazer. Vou me basear em algumas leituras e, a partir delas, tentar criar algo de próprio. Preciso conseguir fazer o meu recorte, pensar esse tema à minha maneira para "domesticar" essa temática gigantesca e integrá-la emocionalmente ao meu acervo.

Já não vejo a paisagem, não percebo mais o sol escaldante, não sinto sede. Estou inteiramente mergulhada na atividade de pensar, imaginar e criar. Entre subidas e descidas, entre o céu e o mar, o texto começa a nascer. A perspectiva de criar, de escrever este livro, me faz feliz. Quando Winnicott (1958/1990) propõe o termo "orgasmo do eu" (p. 36), ele se refere a experiências de satisfação máxima que, do seu ponto de vista, não têm a ver com a pulsão, e sim com a criatividade, com realizações culturais no espaço potencial, como escrever um texto.

Não vejo problemas em pensar que há uma articulação entre o prazer da sublimação da pulsão e a alegria pela possibilidade de "domesticar", via atividade criativa, aquilo que estava à espera de simbolização e integração. Escrever me dá *prazer* pela sublimação do erotismo. E me traz *felicidade* porque me permite integrar, pela via do trabalho psíquico, a pulsão e a experiência emocional ainda em estado bruto. O resultado é o texto que você tem em mãos.

O processo criativo

> *Saio para a minha caminhada diária. O tema da felicidade me habita. Caminho escutando podcasts sobre o assunto, descubro filósofos franceses que falam para o grande público, encontro alguns textos de psicanálise. No mais, vivo num estado de suspensão. Não tenho ideia se conseguirei escrever alguma coisa ou não, muito menos por onde começar. Essa abertura ao desconhecido de mim mesma é angustiante, mas também é excitante. Criar me faz feliz.*

A vinheta anterior nos levou para a ideia de criatividade psíquica, que é o próprio potencial, a própria capacidade de criar símbolos e as diversas formas de linguagem de que dispomos. Mas criatividade não é criação. "A criatividade é uma potencialidade, ao passo que a criação é uma realização . . . Entre criatividade e criação, Winnicott introduz formas intermediárias, como o sonho e o brincar" (Roussillon, 2020, p. 312).

Usando um carretel de linha, a criança cria uma brincadeira, ela coloca no mundo um novo ser, o jogo do *fort-da* é uma criação. Quem torna a criação desse símbolo possível é a criatividade psíquica, mas quem *comanda* essa criação é a necessidade de integração da experiência traumática com a qual a criança é confrontada: a ausência da mãe.

Da mesma forma, na vinheta, sou assaltada pelo desejo/exigência de criar, mas a realização do texto começa ali mesmo, na praia, na atividade de sonhar/brincar com as ideias. Como se dá o processo criativo? Criar, do latim *creare*, tem o sentido de "fazer nascer, advir, originar, produzir". Conhecer os meandros desse processo é relevante para nosso tema, porque, como sabemos, colocar um novo ser no mundo, seja um filho, um bolo ou um livro, pode ser fonte de grande alegria.

Como sempre, é no vínculo primário que vamos encontrar sua matriz. Para que a mãe possa se adaptar de maneira suficientemente boa às necessidades do bebê, suas respostas têm de ser criativas. E, para isso, ela não pode se enrijecer defensivamente, nem ser desmilinguida como a geleca. O conceito de meio maleável, cujo modelo é a massinha de modelar, se refere a um psiquismo suficientemente sem forma própria para se adaptar, mas com uma firmeza própria suficiente para se manter por si mesmo.

Se a mãe tiver pavor do informe, poderá dar respostas inadequadas. Mas, quando as coisas se passam de uma maneira suficientemente boa, o bebê poderá se identificar com a capacidade maleável e criativa da mente materna. Essa é a matriz sobre a qual as formas mais subjetivadas da criatividade podem acontecer.

Quando o bebê está num estado de relaxamento interno, sem angústia e sem pressões do tipo fome, sono ou dor de barriga, ele pode *se deixar ser*, pode permitir que retornem os traços das experiências anteriores à espera de integração. Seu estado é de *receptividade ao que se apresenta*.

É um estado *informe*, mas que não é vivido como desorganizador ou caótico. O instante criativo acontece por acaso, contanto que o sujeito aceite perder-se nesse estado sem recorrer imediatamente à defesa do *já conhecido*, agarrando-se à sua zona de conforto (Danon-Boileau, 2019).

É um bom uso da despersonalização, mas não deixa de ser angustiante. Como mostra a vinheta: *No mais, vivo num estado de suspensão. Não tenho ideia se conseguirei escrever alguma coisa ou não, muito menos por onde começar. Essa abertura ao desconhecido de mim mesma é angustiante, mas também é excitante.*

Outra condição psíquica necessária à criatividade é ter integrado a inveja e a destrutividade. A inveja precisa ter sido transformada em admiração por todos os autores que me antecederam. E a destrutividade, em capacidade de transgredir e, ao mesmo tempo, respeitar o que já está estabelecido. Preciso desconstruir idealizações em relação ao trabalho alheio para poder construir algo que me seja próprio.

Danon-Boileau cita o poeta Valéry, para quem "os deuses nos dão de graça o primeiro verso"; o resto do poema é um grande esforço para não estragar esse primeiro. Ao dizer que o primeiro verso nos é dado pelos deuses, está implícita a ideia de abertura ao imprevisto e, sobretudo, da renúncia à tentativa de controlar o processo. Tudo depende, então, da *tolerância à regressão*.

Caminho pela praia "habitada pelo tema" e me deixo brincar ao acaso com as ideias. O que escrever? De que jeito? Fico à espera de que *algo se apresente ao meu psiquismo* para que o texto comece a ganhar alguma forma a partir do informe. O que me move, como vimos, é a urgência em simbolizar para integrar o encontro com a alteridade traumática – um objeto de estudo que, enquanto psicanalista, não existia para mim. Fui desalojada da minha zona de conforto e preciso recuperar alguma harmonia interna. Estou apaixonada pelo tema, isto é, boa parte da minha libido está investida no processo de escrever este livro.

É nessa tripla condição psíquica – *tolerar o informe, a urgência em simbolizar e o investimento maciço de libido* – que "os deuses" me assopram o primeiro verso. Na verdade, eles foram generosos e me assopraram os dois primeiros versos: 1) a ideia de organizar o texto a partir de vinhetas que descrevem momentos de felicidade, e 2) inserir esses momentos em caminhadas pela praia (onde a ideia nasceu).

Os processos criativos têm elementos em comum e, ao mesmo tempo, cada pessoa cria à sua maneira. Não sou artista, mas reconheço o momento descrito por Valéry, em que tudo se ilumina num instante de fulgurância, imprevisto e imprevisível. Depois, é claro, vem o suor de meses e meses para transformar a ideia num texto que "pare em pé".

Esse instante em que "sou visitada pelos deuses", em que a criatividade psíquica dá à luz uma ideia, é um momento da mais intensa felicidade. O termo de Winnicott, orgasmo do Eu (1958/1990, p. 36), cabe muito bem, pois, assim que a ideia nasce e vislumbro um caminho, relaxo e recupero o estado de harmonia interna. Criar me faz feliz tanto pela fulgurância do momento do "parto" quanto pela harmonia interna que se segue a ele.

A produção de si mesmo

> *Caminho pela praia tomada pelo tema. Já comecei a escrever, parece que a ideia "para em pé". Gosto do esforço de pensar e de esculpir as frases, assim como outros gostam do esforço de fazer musculação. Aventuro-me pelas pirambeiras metafóricas da escrita, e hoje dispenso as pirambeiras da estrada. Levo uma cadernetinha para anotar as ideias que aparecem e desaparecem como cometas. Penso nas vias tão inesperadas que este texto está tomando. É curioso ver nascer a autora deste livro, uma autora que eu não conhecia. Ser apresentada a ela me faz feliz.*

Uma das ocorrências da felicidade, como vimos, tem a ver com a harmonia interna que sentimos quando conseguimos integrar as experiências. Todos precisamos nos apropriar daquilo com que somos confrontados, daquilo que nos tira, com mais ou menos violência, da zona de conforto das rotinas psíquicas. Refiro-me aos microtraumatismos cotidianos, do confronto cotidiano com a alteridade, com a própria matéria de que é feita a vida.

Gostaria, agora, de abordar mais uma dimensão da felicidade: o nascimento de um novo aspecto de si mesmo e a expansão das nossas possibilidades de ser. Já vimos essa ideia rapidamente na vinheta "A Coca-Cola estava uma delícia!", na qual descubro que, ao contrário do que acreditava, de vez em quando uma Coca-Cola vai muito bem. Com isso, abandono crenças restritivas e me torno mais tolerante comigo e com o mundo.

Vamos ver agora essa ideia pelo ângulo da emergência do momento criativo.

Uma das condições psíquicas para a emergência do momento criativo é aceitar *se abrir para o imprevisto de si mesmo*. A associação livre em sessão é um experimento desse tipo. Se renuncio a me agarrar ao Eu conhecido, se me deixo regredir para o "modo" informe, vou me surpreender com o que vier. E isso pela boa razão de que sou e ao mesmo tempo não sou sujeito daquilo que estou criando. Digamos que a autora das páginas deste livro é uma parte de mim que ainda não existia oficialmente. O texto vai nascendo junto com a parte de mim que está pensando e escrevendo.

No capítulo anterior, falei da tolerância ao informe. Essa ideia se desdobra agora na *tolerância a não ser idêntica a mim mesma*. Abrigo em mim aspectos que me são estranhos, estrangeiros. É assustador pensar que, dependendo da situação, podemos sentir, pensar e até fazer coisas que não imaginávamos, para o bem e para o mal. Criar implica permitir que esses aspectos venham à luz na e pela obra que está sendo gestada.

Nesse sentido, o processo criativo pode ser comparado à gestação propriamente dita. A mãe tem que tolerar ser habitada concretamente por algo que não é ela mesma e, quando as condições psíquicas são suficientemente boas, ser capaz de acolher o que vem.

Para Roussillon (2010), a criação é necessária para o *advento do sujeito a si mesmo*. Ela realiza algo da função espelho da mãe: "Veja, isso que você criou é você". Em outros termos, há o sujeito da criação, aquele que cria, mas *há o sujeito que nasce graças àquela criação* – aquele que é criado na e pela criação: o sujeito é tanto efeito de sua produção quanto o autor dela. A exigência de criação indica que há aspectos do sujeito ainda em estado potencial, e a produção de si pela criação é a realização desse potencial. Criar é transformar o mundo que o sujeito encontra, mas é, simultaneamente, transformar e produzir a si mesmo.

Criar me permite integrar novos aspectos da minha própria alteridade. Cito uma frase de Ogden (2021) que ilumina a *dimensão da felicidade ligada à produção de si mesmo*:

> *No próprio ato de escrever, o analista que escreve não está simplesmente criando uma obra de arte de um tipo particular de um gênero literário; ele ou ela está implicado num processo de ser, e de tornar-se ele mesmo ou ela mesma mais completamente. (p. 163)*

O mesmo vale para qualquer forma de criação.

Contemplar a beleza

Faço minha caminhada pela praia. Aprecio as montanhas, há séculos vestidas com o mesmo esplêndido manto verde, a elegância das rochas negras casadas com a areia branca e a selvageria do oceano dito Pacífico. A luz é magnífica e cria uma aura de mistério. A beleza da paisagem é tamanha que até dói. Tenho a consciência de estar desfrutando de um momento de plenitude e de estar feliz.

"De vez em quando Deus me tira a poesia. Olho pedra, vejo pedra mesmo." Adoro esse verso de Adélia Prado. É uma excelente descrição da vida sem graça das organizações psíquicas que estão presas à concretude das coisas. A falta de criatividade psíquica torna mais raro e difícil experimentar momentos de felicidade (progressiva).

No capítulo "Alternar movimentos regressivos e progressivos", abordei a epifania e o sentimento oceânico. Falei de como certos elementos sensoriais acordam traços mnésicos da *beatitude* vivida junto ao seio materno que são, então, transferidos para suportes capazes de acolher aquela transferência.

A beleza da paisagem ou certas obras de arte também funcionam como suporte transferencial adequado para acolher uma energia, uma luz, uma vibração do bem, um *movimento interno de pura vitalidade*. Não é à toa que as pessoas ficam tão encantadas com o pôr do sol, com cachoeiras e outras manifestações da pulsação do mundo. São suportes externos propícios para acolher a pulsação e a força de vida em nós.

A aura que transferimos para esses suportes evoca a emoção estética da criança que contempla, maravilhada, a beleza do rosto da mãe. E vice-versa: ela mesma se vê contemplada pela mãe com maravilhamento. Ela olha para aquele pedacinho de carne que acabou de nascer, absolutamente encantada por sua beleza e perfeição. Sim, é a projeção do próprio narcisismo, o que não impede que seja também um olhar cheio de poesia. Seu rosto brilha, e ela se ilumina quando olha para seu bebê.

Quando o bebê percebe o maravilhamento da mãe, que para ele é a fonte de todo o bem e de toda a beleza, ele também se sente belo e perfeito. Essa dupla identificação com a mãe, fonte de toda a beleza, e consigo próprio, olhado com maravilhamento pela mãe, cria a matriz para o olhar poético que nos permite contemplar a paisagem – um monte de árvores, de areia e de água – e ver ali *as montanhas, há séculos vestidas com o mesmo esplêndido manto verde, a elegância das rochas negras casadas com a areia branca e a selvageria do oceano dito Pacífico*. Ter sido banhado por esse olhar é condição para se olhar para o mundo transcendendo sua mera materialidade.

Contemplar a beleza envolve um movimento meu de transferir minha pulsão de vida, e graças a isso enxergar a pulsação do mundo. Ao mesmo tempo, a realidade tem elementos concretos que "acordam" a transferência da minha luz interior, da minha pulsão de vida. Quando acordamos num sábado de manhã e o dia está radiante, ele "acorda" tanto minha luz interior quanto o rosto luminoso da mãe da primeira infância, o que me enche de felicidade.

Não é só a beleza que tem o dom de nos fazer transcender a materialidade das coisas. Apreciamos e nos sentimos bem numa casa limpa, harmoniosa e arrumada. Nossa experiência é de estar em um ambiente agradável, acolhedor e vivo. Temos prazer em ver o vaso com flores sobre a mesa. Curtimos aqueles pequenos cuidados que indicam o investimento amoroso daquele/naquele espaço. Aqui também os elementos sensoriais acordam traços mnésicos de experiências precoces do cuidado e do aconchego vividos junto a uma mãe amorosa e dedicada.

Mesmo objetos imateriais, como certas atitudes, podem se revestir de grande beleza e nos emocionar quando a experiência estética no vínculo primário é ativada. Até uma pedra pode ser mais do que uma pedra quando o olhar poético revela sua vida secreta.

A beleza tem valor antitraumático porque proporciona lugares de pouso e momentos de repouso em relação às dores da vida. O belo "fora" tem o dom de nos consolar porque nos permite reencontrar o belo "dentro" de nós. Nesse sentido, contemplar a beleza é uma das ocorrências da felicidade.

Deixar-se transformar pelo outro

> *Estou passeando há horas, encontro finalmente um barzinho pé na areia. O "caiçara" local diz que tem cerveja, mas está quente. Faço cara de decepção. Em resposta, ele me conta sobre a geladeira que quebrou, a vila é longe, não tem quem fique no bar, a mulher, o cachorro, o papagaio, o periquito etc. Curto a conversa e esqueço a cerveja. Sinto um carinho por ele, por este lugar, e descubro a Costa Rica raiz. Viajar me faz feliz.*

Em seu livro *7 maneiras de ser feliz: como viver de forma plena*, o filósofo Luc Ferry (2019) fala sobre a importância de amar, admirar, emancipar-se, ampliar horizontes, aprender, criar e agir. As várias vinhetas me permitiram abordar esses elementos pelo vértice dos processos psíquicos, mas não tinha me ocorrido a ideia de que ampliar horizontes pudesse ser mais um dos elementos que participam da aptidão à felicidade.

Mas faz sentido, se traduzirmos "ampliar horizontes" por *se deixar afetar e transformar pela alteridade*. Construímos nossa identidade também no contato com o outro. Claro que podemos nos fechar, nos defender e recusar a alteridade. Afinal, ela sempre nos impõe trabalho psíquico. Mas, como veremos, esse trabalho psíquico compensa, pois enriquece nosso repertório psíquico, o que fortalece o Eu.

É para isso que lemos, estudamos, viajamos, vamos ao cinema ou a uma exposição. São maneiras de produzir um *autodesenraizamento controlado* e de entrar em contato com o "não eu". Escolho acolher o estrangeiro, isto é, me abrir, me deixar afetar, me permitir ser desalojada das próprias certezas. Até um livro muito simples, como esse de Luc Ferry, me põe para pensar e, graças a ele, amplio meus horizontes. Desenvolvo meu potencial, o que me torna um ser humano mais complexo e interessante.

Em vinhetas anteriores, abordei a necessidade/urgência/exigência de elaborar aquilo com que a vida nos confronta, mas não tinha me ocorrido que também *desejamos* sair da zona de conforto. E que *procuramos ativamente* sofrer microtraumatismos controlados como forma de enriquecer nosso mundo mental.

Associei a filmes da categoria *road movies* – em tradução literal, filmes de estrada –, filmes que nos apresentam metáforas da nossa caminhada pela vida, uma jornada de autodescoberta. Os personagens saem para algum tipo de viagem e ao longo do percurso vão se expondo a aventuras, experiências, situações, até que, ao fim do processo, percebem que foram significativamente transformados.

Deixar-se afetar por outras subjetividades, descobrir outras maneiras de ser e de viver, amplia o repertório intelectual, mas principalmente emocional. A própria visão de mundo é confrontada e relativizada por outras. O personagem descobre maneiras de viver diferentes da sua. Ampliar horizontes é também mudar de posição subjetiva, o que tem um aspecto transformador no sentido mais psicanalítico do termo.

Mesmo que a viagem tenha sido difícil, ao final há uma sensação de conquista de novos espaços mentais que reconcilia o sujeito consigo mesmo. A possibilidade de relativizar valores é um ganho em termos de liberdade interna. Nesse sentido, os *road movies* proporcionam experiências "terapêuticas" para os personagens e, por identificação, para quem assiste a eles.

É por isso que, quando entro em contato com a história do rapaz que toma conta do bar na Costa Rica, a cerveja quente se torna irrelevante. Eu me interesso por seu modo de vida, pelas dificuldades que enfrenta, por seus valores e, de modo geral, por sua cultura, que aparece nas entrelinhas das historinhas que me conta sobre *a mulher, o cachorro, o papagaio, o periquito* etc.

O contato com o outro me torna mais tolerante e amorosa com ele. A conversa me enriquece, não só porque fico sabendo como é sua vida, mas também porque, quando essa experiência passa a fazer parte do meu repertório, eu me torno mais única, mais singular. Singular não significa "especial". Significa que ninguém além de mim teve *essa* conversa com *esse* rapaz *nesse* bar na Costa Rica.

O pleno desenvolvimento da singularidade na convivência com o estrangeiro nos remete à concepção do que seria cura, do ponto de vista psicanalítico (Herrmann, 2000). Ele usa o termo no sentido do *queijo bem curado*. A razão de ser de um queijo (seu *ikigai*, para usar o conceito japonês que já apareceu aqui) é que seu potencial pode se realizar plenamente e que ele pode entregar ao mundo a beleza de sua singularidade. Cada queijo tem a sua.

Um *camembert* é muito diferente de um *cheddar*, que, por sua vez, é diferente do queijo da serra da Canastra. Quando bem curados, todos podem ser excelentes, cada um na sua modalidade.

Todos se tornaram plenamente o que podiam ser em termos de riqueza e complexidade de sabor e aroma. Quando se trata de um ser humano, ele entrega ao mundo o melhor de si. É um prazer e uma alegria, tanto para ele como para quem convive com ele.

Aprender coisas novas é maravilhoso. Há muuuuitos anos, quando estudava para meu doutorado, pedi ajuda de um colega que tinha formação em ciências humanas. Como eu tinha estudado medicina, não tinha instrumentos conceituais, nem um método adequado para pensar fenômenos socioculturais. Eu ainda pensava em termos simplistas de causas e consequências. Ele escolheu o texto de um historiador que explicava os fatores que levaram ao fim da gladiatura no Império Romano. Por sua coincidência cronológica, era fácil pensar que o cristianismo recém-implantado tivesse proibido o espetáculo cruel em que dois escravos lutavam um contra o outro até só sobrar um. A coisa é bem mais interessante. Ele me mostrou como vários elementos se combinaram para que a gladiatura caducasse sem que ninguém precisasse proibi-la. Um pouco como os sintomas, que caducam quando não são mais necessários.

Poderia ter acontecido de eu me sentir diminuída ou envergonhada ao perceber minha ignorância. O prazer de aprender e a alegria de ampliar horizontes poderiam ser limitados pela ferida narcísica. Mas comigo foi o oposto. Nunca vou me esquecer de que, quando entendi a beleza daquela maneira de pensar, um novo mundo se abriu para mim. Para espanto meu e do meu colega, meus olhos se encheram de lágrimas. Fiquei emocionada. Só descobri que estava cega quando comecei a enxergar. Ter prazer em se deixar transformar pela alteridade é uma aptidão à felicidade.

Dar de si

Fecho o computador. Até que avancei bem neste texto. Saio para minha caminhada, antevendo o prazer de mexer o corpo, de deixar as ideias soltas. Acabo de ouvir notícias do Brasil e caminho pensando no tanto de sofrimento e de injustiças que há no mundo. Enquanto isso, estou aqui vivendo minha vidinha. Do ponto de vista moral, fico em conflito com meus ideais, e, ao mesmo tempo, me digo que cada um contribui como pode. Tento equilibrar egoísmo e generosidade, dar de mim, mas sem me esquecer de mim.

Gostaria de ter uma vida mais heroica, mais dedicada a causas importantes. Pessoas de uma geração anterior à minha deram suas vidas na luta pela democracia. Estavam imersas num caldo histórico, social e cultural em que era difícil se subtrair a essa luta, sob pena de traírem a si mesmas e a seus ideais. Admiro e sou muito grata a todas e todos que estão envolvidos com causas que visam o bem comum.

Acontece que, como eles, também sou um ser histórico, social e cultural. Escrevo em agosto de 2022. No Brasil, estamos mobilizados por questões políticas, lutando contra o racismo, a desigualdade social e a favor dos direitos das minorias. Mas não posso esperar que todos à minha volta parem de sofrer para eu começar a ser feliz.

Por outro lado, não sei se a solução para a dor dos outros seria o engajamento político de todos. E o fato é que podemos carregar nossos conflitos e contradições até certo ponto, sem que isso estrague todos os prazeres e alegrias. Respeitando minha história pessoal e minha singularidade, também faço a minha parte. Enquanto psicanalista, ajudo pessoas a sofrerem menos, ajudo colegas a fazerem seu trabalho da melhor forma possível. Do ponto de vista moral, mas também do ponto de vista da aptidão à felicidade, o importante é contribuir.

Nada disso me impede de reconhecer que a clivagem é a defesa que me protege da dor dos outros. Atendemos pacientes que sofrem, mas conseguimos voltar para casa e para nossas vidas – onde, eventualmente, nos aguardam nossos próprios sofrimentos. Já em outras situações nossa identificação com a dor do outro é maciça. Por exemplo, quando um filho adoece gravemente, sua dor é a minha dor. Não existe a menor chance de eu experimentar um momento de felicidade.

Amar o outro nos condena a sofrer com ele, e temos que reconhecer que não é possível amar a humanidade inteira. Idealmente, há um equilíbrio entre a capacidade de identificação com o outro e a manutenção das fronteiras sujeito-objeto para que eu não me confunda com ele. O outro é ao mesmo tempo um semelhante e um diferente, um outro sujeito. Sinto empatia, me solidarizo, mas não sofro como se fosse meu filho.

Enfim, como você vê, esse tema é espinhoso. Poderia simplesmente não escrever sobre ele, mas achei que valia a pena abordá-lo. É indiscutível que agir para o bem comum é sempre louvável, mas isso não me impede de analisar as diferentes dinâmicas psíquicas que podem estar engajadas na generosidade.

Do ponto de vista moral, a generosidade é sempre bem-vinda. Do ponto de vista psicanalítico, um excesso de preocupação com a dor do outro nem sempre é sinal de boa saúde mental. Como tudo, ela também pode ser um sintoma.

Pode ser um sintoma de narcisismo moral, isto é, da necessidade de conseguir alguma autoestima pela via do sacrifício pessoal e do sentimento de superioridade moral.

Pode ser uma necessidade compulsiva de reparação de algum dano causado ao objeto interno, projetado naquele que sofre.

Pode ser também uma tentativa de entrar em contato com um sofrimento pessoal que não pode ser reconhecido enquanto tal: só consigo saber da minha dor quando espelhada pela dor do outro. É o outro, e não eu, que sofre e precisa ser ajudado.

Tratar da dor do outro pode não ser apenas generosidade, mas uma forma de tratar da própria dor.

Por fim, a mobilização excessiva para salvar o próximo pode esconder a incapacidade de viver a própria vida.

Quando a generosidade é um sintoma, espera-se que a possibilidade de elaborar e de integrar o próprio sofrimento torne o sujeito capaz de fazer investimentos também em outros aspectos de sua própria vida.

Quando não é um sintoma, a capacidade de dar de si é importante para a economia psíquica do sujeito por dois bons motivos: primeiro, porque envolve o amor ao outro, um estar plenamente no mundo; e ao mesmo tempo envolve o amor de si, na medida em que permite que o Eu se aproxime do seu ideal. Egoísmo e altruísmo são elementos igualmente relevantes do ponto de vista da aptidão à felicidade.

"Quando o medo recua, as lógicas do desejo retornam por si mesmas"

> *"Uma paciente que, durante anos, sofreu de um doloroso vazio interno, falava do seu espanto por não se sentir mais assim. Descrevia-me sua felicidade em apreciar, debruçada numa ponte sobre o (rio) Sena, as luzes da cidade. Sublinhou quanto seu cotidiano tinha se revestido de um manto de beleza e tinha se renovado desde o desaparecimento de seu sofrimento"* (Bourdin, 2012, p. 32).

Assim como o título, essa vinheta clínica está no artigo "De la saveur du plaisir à l'art d'être heureux?",[1] de Dominique Bourdin (2012). Com sua simplicidade, ilustra como a felicidade nos encontra; ela emerge naturalmente quando não há nada impedindo.

Nessa altura do nosso percurso, já entendemos que não faz sentido falar em *busca* da felicidade. E que ela não tem nada a ver

---

[1] "Do desfrute do prazer à arte de ser feliz?", em tradução livre.

com uma alegria sem sofrimento nem falhas, e sim com a *saída do traumático*.

Cito quase na íntegra, em tradução livre, um trecho desse texto que acho maravilhoso e tocante:

> *Em contraste com a experiência de submissão ao objeto, o despontar da liberdade é a primeira felicidade. É claro que haverá dificuldades. Mas a possibilidade de fazer escolhas sem sentir que elas são impossíveis já é bastante.*
> *O objetivo de uma análise é tornar as pessoas aptas a escolher o que desejam viver, sem ficarem paralisadas por terrores ou defesas. Quando nos tornamos mais livres, conseguimos enxergar o que está em volta. A abertura do olhar é o primeiro fruto de uma vida que se liberta do peso esmagador da existência e das restrições impostas pelo medo. Um dos sinais da liberdade interna recém-conquistada é o interesse pelo mundo, pelo não eu, pelo diferente, bem como a capacidade de fazer contato genuíno e alianças com os outros.*
> *Quando o medo de ficar assujeitado recua, quando se conquista a capacidade de dizer "não" quando não se está de acordo, quando conseguimos resistir à colonização pelo outro, abre-se a possibilidade de estabelecer laços de confiança, respeito e colaboração com o mundo. Relações significativas e vínculos comunitários são essenciais a uma vida plena.*
> *Buscar a felicidade não faz sentido, porque ela é fruto de uma vida livre. O medo de sofrer é um dos principais obstáculos a se engajar em uma vida aberta e rica. A possibilidade de recomeçar, dia após dia, a "construir sua vida", a viver momentos de prazer e de alegria,*

> *a se libertar de certos entraves, a escolher este esforço para aquele objetivo, a fazer alianças e a viver amores e amizades inesperadas, eis o que alimenta a felicidade, mesmo quando ela tem suas sombras*
> *Uma paciente que, durante anos, sofreu de um doloroso vazio interno, falava do seu espanto por não se sentir mais assim. Descrevia-me sua felicidade em apreciar, debruçada numa ponte sobre o (rio) Sena, as luzes da cidade. Sublinhou o quanto seu cotidiano tinha se revestido de um manto de beleza e tinha se renovado desde o desaparecimento de seu sofrimento.*
> *Essa capacidade de maravilhamento, esse sentimento estético frequentemente ligado a atividades sublimatórias – no caso da paciente, a fotografia –, é sinal de uma vida que se enriquece e se abre para novas alegrias.* (Bourdin, 2012, pp. 32-33)

A experiência descrita por essa paciente é de uma simplicidade tocante. Ela descobre a beleza das luzes da cidade que sempre estiveram lá. Mas ela estava tão esmagada pelo sofrimento psíquico, tão submetida ao seu objeto interno, gastando tanta energia com as defesas psíquicas, que simplesmente não era possível contemplá-las.

A clínica mostra com clareza que, quando o medo recua, as lógicas do desejo retornam e a sublimação também se torna possível. Não por acaso, pouco depois ela se inscreveu num curso de fotografia. Por outro lado, vimos no capítulo "Contemplar a beleza" que a paisagem externa se torna bela também pela projeção de uma sensação nova e inesperada de leveza e de liberdade interior que tem a ver com a saída do traumático.

Em comunicação pessoal, Dominique Bourdin (2022) se lembra dessa paciente se lamentando de ter que passear sozinha à noite pela cidade. Vinha falando longamente sobre o ódio que sentia da companheira que a abandonou. Sentir que seu ódio foi acolhido pela analista abriu espaço para que esta pudesse dizer "estar sozinha não impede que as luzes da cidade sejam bonitas". Semanas mais tarde, a paciente comentou que essa fala calou fundo e a ajudou enxergar as coisas de outra maneira.

Se não temos com quem falar, é difícil mudar. A abertura do olhar depende de ser escutado e de poder escutar o que vem de um outro investido transferencialmente. Sair da hostilidade e do ressentimento abre espaço para outras coisas. E então a felicidade é de uma simplicidade surpreendente.

> *Muitos dos nossos pacientes não puderam aceder ao sentimento de ser, nem ao direito de viver para si. Eles precisaram lutar e se renderam para sobreviver. Afirmar a legitimidade de sua aspiração à felicidade é reivindicar, para eles e para nós, o direito de viver, e não somente de sobreviver. As longas horas de escuta da angústia e do sofrimento não tem outro sentido que trabalhar com os pacientes para que retomem os caminhos de uma vida que valha a pena ser vivida. (Bourdin, 2012, p. 32)*

Freud era feliz?

Freud era pessimista. Achava que a própria constituição do psiquismo tornava a felicidade quase impossível. Angústia, culpa, conflitos ligados à pulsão e ao desejo; o recalque da sexualidade e todas as causas do mal-estar na civilização; a dificuldade em conviver com os outros, em aceitar quem é diferente de mim; a pulsão de morte e a guerra. Enfim, nada disso torna a vida fácil. Sem falar do sofrimento ligado à psicopatologia. Para ele, já estamos no lucro se for possível trocar a miséria neurótica pela infelicidade banal e inevitável da vida.

No entanto, ele se dizia feliz. Vejam um trecho de uma entrevista.

> *Por que deveria esperar um tratamento especial? A velhice chega para todos. Não me rebelo contra a ordem universal. Afinal, vivi 70 anos. Sempre tive o suficiente para comer. Desfrutei de muitas coisas: da camaradagem de minha mulher, de meus filhos, do pôr do sol. De vez em quando tenho a satisfação de apertar uma*

> *mão amiga. Em algumas ocasiões encontrei seres humanos que quase chegaram a me compreender. Que mais se pode pedir? Meu trabalho ainda me dá prazer. [Passeávamos pelo íngreme jardim de sua casa. Freud acariciou com ternura um arbusto.] Interessa-me muito mais esta planta do que qualquer coisa que possa ocorrer quando eu esteja morto. Sou razoavelmente feliz porque agradeço a ausência de dor e desfruto dos pequenos prazeres da vida, da presença de meus filhos e das minhas flores.*[1]

Neste breve trecho vemos que Freud preenche muitas das condições psíquicas necessárias para a experiência de felicidade que vimos ao longo do livro: 1) sabe que é igual a todo mundo em direitos e dignidade/realizou o luto do narcisismo primário (*por que deveria esperar um tratamento especial?*); 2) necessidades básicas satisfeitas (*sempre teve o suficiente para comer*); 3) aceita as próprias limitações (*a velhice chega para todos*); 4) capacidade de usufruir o aqui e agora (*acaricia o arbusto*); 5) presença de vínculos significativos (*valoriza família e amigos*); 6) percepção de si como alguém potente e criativo, capaz de usufruir do que tem (*o trabalho ainda me dá prazer*); 7) sentimento de gratidão (*agradeço a ausência de dor);* 8) capacidade de sentir prazer (*e desfruto dos pequenos prazeres da vida*).

De forma surpreendente, ele não se refere ao fato de ter escrito uma obra que mudou a história da humanidade. Aparentemente,

---

[1] Entrevista feita por George Sylvester Vierek, em 1930, e publicada no livro *Glimpses of the great*. No Brasil, a entrevista foi publicada originalmente no livro *A arte da entrevista: uma antologia de 1823 aos nossos dias*, organizado por Fábio Altman (Scritta, 1995). Essa edição, republicada pela *Revista Bula*, foi publicada no jornal *Folha de S.Paulo* em 1998, com tradução de Claudia Rossi.

o sucesso profissional e a fama não foram especialmente relevantes para sua experiência de felicidade. A alegria proporcionada pela vida familiar, pelo trabalho e pelas descobertas que fez parecem mais significativas.

A desconstrução da Entidade na clínica

Amanda (nome fictício)[1] me procura por sentir que não consegue desenvolver plenamente seu potencial, nem usufruir plenamente da vida que tem. Naturalmente, não chega a formular a demanda dessa maneira. Menciona um ciclo de estudos interrompido por falta de autoconfiança e medo da vida em geral. Enfim, sabe que precisa de uma análise.

Não lhe falta nada e, no entanto, se vê enredada em situações que a angustiam muito. Se angustia com a situação dos sobrinhos, que, a seu ver, têm dificuldades emocionais graves. Se angustia com um irmão que, apesar de muito bem-sucedido, lhe parece excessivamente submetido à esposa e, para lhe proporcionar conforto financeiro, faz operações muito arriscadas.

A verdade é que ela mesma se sente emocional e financeiramente dependente desse irmão. Claro que ela o ama e deseja o seu bem, mas o que será dela se ele quebrar? E como contar com

---

[1] Agradeço à analisanda que, gentilmente, autorizou a publicação deste material.

alguém que, por sua vez, parece tão infantilizado, tão dependente de seu próprio objeto (a esposa)?

Paralelamente, Amanda se separou do marido, mas ainda não se divorciou legalmente. Descobrimos que ela imagina que, enquanto não se divorciar, continua contando com sua proteção. Mas na verdade é o oposto: um imóvel que lhe coube na separação ainda não está em seu nome e, por isso, não pode vendê-lo, usar o dinheiro como bem entende, nem se sentir dona da própria vida. Esse material indica que, em nível psíquico, a separação sujeito-objeto não se completou, o que a impede de ter autonomia em relação ao objeto.

Há duas figuras aí que encarnam transferencialmente a Entidade a quem ela se sente submetida. Dei o apelido de Entidade ao objeto interno/externo onipotente, acima do bem e do mal, que pode tanto salvá-la quanto destruí-la: o irmão e o ex-marido. De ambos espera proteção e cuidados. Tipicamente, quando sai para almoçar com o irmão, não tem dúvidas de que é ele que vai pagar sua parte. Mais ainda: ele *tem* que pagar sua parte.

De alguma forma que *ela mesma não entende*, sente que *ele lhe deve*. Quando esse irmão lhe dá um presente de aniversário, ela se decepciona e se ofende, porque foi uma escolha burocrática: seu gosto e estilo não foram tomados em consideração. Percebe-se que, se essas figuras encarnam a Entidade, ela está na posição complementar de Sua Majestade, o Bebê, a quem a figura parental (transferida para o irmão) deve atenção, proteção e gratificação Absolutas.

Se você acompanhou o desenvolvimento das ideias ao longo deste livro, já entendeu que o luto e a saída da posição subjetiva do narcisismo primário não foram realizados de forma suficiente. Amanda não tem dificuldades com a alteridade e é perfeitamente capaz de conceber o outro como outro-sujeito. Mas a finalização do processo de desconstrução da Entidade ficou a desejar. Ela continua se sentindo esmagada e dependente dos representantes atuais dessa figura todo-poderosa. Por isso vive com medo da vida e não consegue desenvolver plenamente seu potencial.

A desconstrução da Entidade precisa acontecer na transferência. E aqui a maior parte do trabalho aconteceu de forma subterrânea. Explico.

Essa moça me procura cheia de dedos e com muito medo de mim. Com uma ousadia e uma coragem que geralmente não tem, faz contato e me pede para ser sua analista. Imagina que sou uma espécie de Entidade que não vai ter nem tempo nem interesse pela "pessoa insignificante" que ela é. Além disso, pensa que vou cobrar honorários impossíveis. Com relação a isso, na entrevista, é honesta comigo. Diz que não sabe se, objetivamente, pode ou não pode pagar o que lhe peço, mas seu sentimento é que não pode. Tem medo de não ter dinheiro, de ficar pobre e desamparada. Atreve-se a perguntar se poderia começar me pagando um pouco menos. Aceito, porque percebo que é um sintoma de seu desempoderamento generalizado.

Nada disso é dito explicitamente, mas capto seu medo, sua submissão e ao mesmo tempo sua coragem. Percebo que, para ela, é como se fosse a última chance de se libertar de algum tipo de amarra que intui, mas não sabe o que é. Estou colocada no lugar da Entidade do bem, porque posso salvá-la, e do mal, porque me vê como extremamente poderosa – posso desprezá-la, posso descobrir que ela não vale a pena, que estou perdendo meu precioso tempo com ela e mandá-la embora.

As sessões se passam em torno da relação com o irmão e com uma chefe que ela tem muita vontade de confrontar, mas não consegue justamente porque encarna mais um aspecto da Entidade

– um aspecto invejoso. Tem que lutar para ter seu espaço respeitado e, ao mesmo tempo, medo de ser demitida.

Não sei dizer exatamente o que foi que eu fiz. Não lembro de nenhuma grande interpretação. Não caberia aqui trazer sessões e mais sessões nas quais esses temas foram trabalhados. Nem acho que ajudariam a entender o que foi que operou as transformações que, visivelmente, aconteceram. Quando percebi, o material clínico tinha mudado.

Surgem as primeiras possibilidades de confronto com a Entidade, o que indica que ela estava sendo desconstruída.

Estava tentando concluir uma transação comercial importante para ela. Depois de já ter cedido tudo o que podia, a outra parte solicitou que cedesse ainda mais. Contrariamente ao que costuma fazer, desta vez decidiu não ceder. Por mais que aquela transação fosse importante, preferia abrir mão a se submeter de uma maneira que, a seu ver, seria abjeta. Seu sentimento era de que, se aquela transação não se completasse, não seria o fim do mundo, porque surgiriam outras.

Ou seja, Amanda não ficou apavorada com a retaliação, nem teve medo de ficar sem nada. E, para sua surpresa, a outra parte aceitou sua posição e concluíram a transação. Ficou muito orgulhosa por ter sido corajosa, o que só foi possível porque o pavor de morrer esmagada pela Entidade já não estava lá. Sim, ficou com medo de perder aquela oportunidade, mas não ficou apavorada.

Houve também outra situação em que se viu tendo que pagar uma conta que, claramente, não lhe cabia. O valor era mínimo. Normalmente, apesar de indignada, evitaria o confronto e pagaria. Mas desta vez decidiu que exigiria o reembolso da quantia, e conseguiu.

Tudo isso em meio a outras situações que indicavam o avanço do processo de separação sujeito-objeto.

Primeiro, o divórcio foi concluído. Em seguida, o imóvel que lhe cabia na divisão de bens foi transferido para o seu nome. As fronteiras que separam sujeito e objeto estão mais firmes, há um movimento de integração de partes do Eu (o imóvel), ela se apropria de seus recursos.

Entra em cena outro irmão, que a convida para morar num apartamento perto do seu, num bairro melhor. Esse irmão gosta muito dela e, ao contrário do outro, não está submetido à própria esposa. É um objeto claramente mais consistente. Quando fala dele, já não vemos nenhuma das características da Entidade: é uma boa relação, simétrica, genuinamente fraterna, de amor e de gratidão.

Em paralelo, ela mesma se espanta em perceber quanto a relação com o primeiro irmão melhorou. Já não se angustia com a possibilidade de quebra financeira, nem se ressente por não receber exatamente o que esperava. Agora olha para ele com admiração e respeito por suas conquistas.

O fato é que, de repente, *vejo Amanda feliz*, investindo em um novo projeto de vida. Já faz algum tempo que decidiu pagar meus honorários, sinal de que o empoderamento está em curso. O desejo ressurge: vai comprar uma obra de arte cara, com a qual sempre sonhou, e que achava que não era para o seu bico. O futuro se abre, há esperança de uma vida mais prazerosa: viver perto desses outros sobrinhos a enche de alegria.

Paralelamente, o clima na transferência mudou completamente. Já não tem medo de mim, já não sente que não sou para o seu bico. Percebo que já não estou sendo vivida como Entidade. Ela não me vê mais como alguém que não teria tempo ou interesse por ela. Passou a ocupar seu lugar na análise de maneira legítima e confortável.

A Entidade foi desconstruída: fui transformada num "mero ser humano". Isso tudo aconteceu no campo transferencial de forma subterrânea, invisível a olho nu. Não vi a coisa acontecendo. Só percebi *a posteriori*, quando as coisas já tinham mudado. Minha contratransferência e o material clínico tinham mudado, indicando que o luto primário foi, finalmente, concluído. A angústia, pano de fundo de toda uma vida, desapareceu. A vida deixou de ser um peso, está mais leve. Concretamente, nada mudou e, ao mesmo tempo, tudo mudou.

Curiosamente, o material que indica a mudança de posição subjetiva é muito semelhante ao da paciente de Dominique Bourdin, que, de repente, sobre a ponte, enxerga pela primeira vez a beleza das luzes da cidade. Amanda está indo para o trabalho de carro e tem de atravessar uma ponte. O trânsito pesado a obriga a dirigir devagar. Normalmente ficaria aborrecida, mas desta vez olha e enxerga a paisagem de sempre com outros olhos. De repente, o cotidiano banal está revestido de uma beleza nova, resultado, provavelmente, da projeção da sensação interna de maior liberdade e leveza.

Na última sessão, eu lhe pergunto em que ponto da análise ela localiza essa mudança. Estava curiosa para saber o que é que eu tinha feito, ou se algo que ela escutou de mim a marcou de maneira significativa. Hesita, procura em sua memória. Responde que, em certo momento, começou a escutar os passarinhos cantando perto de onde eu a atendia online. Fiquei pensando no que isso poderia significar. Talvez fosse sua maneira de me perceber mais parecida com um ser humano que habita a Terra, em vez de uma Entidade que mora no Olimpo.

Despedimo-nos com alegria pelo trabalho realizado. Ela grata, e eu manifestando meu respeito por sua coragem em me procurar, em lutar por sua análise e por uma vida (psíquica) de melhor qualidade. Ser capaz de ajudar alguém me faz realmente feliz.

* * *

Freud inventou a psicanálise e, com ela, um instrumento que pode ajudar as pessoas a sofrer menos, a encontrar meios de construir uma vida mais satisfatória. Isso não significa que só uma análise pode ajudar alguém a realizar o luto primário e a parar de dar murro em ponta de faca. A humanidade não esperou a psicanálise para começar a ser feliz. Há outros caminhos para "se tratar". É possível se deixar transformar, é possível mudar de posição subjetiva, simplesmente acolhendo e elaborando as experiências com as quais a vida nos confronta.

Contamos também com os objetos transformacionais (Bollas, 1992), isto é, com objetos culturais nos quais podemos depositar aspectos do Eu necessitados de acolhimento e de transformação simbólica. Quando nos deixamos sonhar por eles, isto é, quando através deles colocamos em jogo aspectos da experiência que estavam imobilizados e ainda em estado bruto, nosso caos interno se organiza num sentido.

Um bom filme, literatura, filosofia, arte, viagens, mas também uma doença, uma separação, a perda de um ente querido: são muitas as possibilidades que a vida nos oferece para confrontar nosso narcisismo e nos desalojar dessa posição subjetiva. Podemos sair transformados e fortalecidos de situações difíceis. Como se diz, "o que não mata engorda". Mas há pessoas que, apesar de tudo, não conseguem mudar, continuam na repetição; e outras que não dão conta de elaborar as situações difíceis com que a vida as confronta. Imagino que sejam casos em que a psicopatologia é mais pesada.

O sentido da vida

A maioria dos estudos sobre o que as pessoas consideram uma vida feliz mostra que esse sentimento está ligado a uma frequência razoável de pequenos estados de espírito agradáveis, de pequenas alegrias e prazeres, mais do que de grandes movimentos emocionais (André, 2010). Ao mesmo tempo, a felicidade é mais do que o acúmulo de pequenos prazeres. "Temos que ver a felicidade também como resultado de uma vida plena de sentido. Essas duas vias [prazer e sentido] se completam e se reforçam, e mais, são necessárias uma à outra" (André, 2010, p. 136, tradução livre).

Embora o autor não explique como se constrói uma vida com sentido, podemos deduzir de suas colocações que há condições *necessárias, mas não suficientes* – os vários pequenos bons momentos que preenchem uma existência – e há condições *necessárias e suficientes* para a felicidade: que esses bons momentos estejam integrados em uma vida com sentido.

Para encerrar essas reflexões, vou reunir aquilo que, do percurso realizado, sintetiza essas condições.

Primeiro, a condição necessária, mas não suficiente, para a aptidão à felicidade

A possibilidade de usufruir de bons momentos, de desfrutar de pequenos prazeres e de se alegrar com situações banais do cotidiano depende da criação da matriz simbólica do luto, isto é, da instalação do chip que permite processar emocionalmente (integrar) as perdas da vida. Ter integrado a perda da relação privilegiada com nosso primeiro objeto de amor (o luto primário) torna possível o *amor objetal*. É preciso estar apto a investir libidinalmente nos objetos do mundo para sentir prazer e gratidão pelo que a vida nos oferece. É isso que torna possível amar a vida pelo que ela é, e não pelo que deveria ser. É isso também que nos torna aptos a renunciar a expectativas impossíveis de serem realizadas porque são da ordem do Absoluto. É sempre bom lembrar que o ambiente precisa oferecer condições suficientes e que ninguém realiza o luto de uma vez por todas. Esse processo é sempre parcial, sujeito a regressões, e será retomado muitas vezes ao longo de toda a vida.

Mesmo assim, a criação da matriz simbólica do luto pode ser considerada um divisor de águas na *qualidade de vida mental*. Graças a ele:

- Em vez de ficar aderida a modos regressivos de satisfação, ou aos representantes atuais do objeto primário, a libido fica disponível para o investimento em novos objetos.
- Conquista-se uma liberdade interna em relação ao objeto e, com ela, a possibilidade de afirmar algo próprio e de viver para si.
- Abrem-se caminhos para as lógicas do desejo e da esperança. É possível viver, em vez de só sobreviver.

- E o mais importante: graças ao luto, a realidade e o outro podem ser tomados em consideração. Menos murro em ponta de faca e mais aptidão para o amor objetal.

Segundo, as condições necessárias e suficientes para a aptidão à felicidade

Vimos, então, que as pequenas alegrias e prazeres da vida precisam estar inseridas em uma vida com *sentido*. Mas como se constrói o sentido de uma vida?

Não estou falando em Sentido da Vida, categoria abstrata, sisuda, de terno e gravata. Não é nada de grandioso, e muito menos universal. Estou falando dos sentidos da vida comum de pessoas comuns. Dos sentidos de jeans e tênis, aqueles que nos levam, todos os dias, a fazer escolhas genuínas (isto é, não sintomáticas), de acordo com nosso desejo.

Uma vida com sentido é uma vida que tem a minha cara, que me representa e na qual sinto que é possível criar e ocupar um lugar singular no mundo. É aqui que entra o segundo chip, que, junto ao primeiro, compõe a aptidão à felicidade: a criatividade psíquica. Não tem nada a ver com criatividade no sentido corriqueiro do termo ("tal pessoa é criativa"). Como vimos, trata-se do potencial humano para a simbolização, isto é, para *transformar a realidade em estado bruto* – transformar os fatos da vida – em *representações da realidade* que possam ser integradas e ficar disponíveis para uma vida mental de qualidade. Infelizmente, nem todos dispõem dessa função psíquica suficientemente "habilitada".

Retomando: é o sentido da minha vida que me leva a investir naquilo que amo e a ir atrás do que é importante e valioso para mim. Quando a vida mental não está amarrada por defesas custosas, nem numa luta constante para garantir a sobrevivência do Eu, a criatividade psíquica "inventa" o sentido que a vida tem para mim.

Em outros termos, é esse chip que nos permite interpretar os pequenos e grandes acontecimentos. É ele que nos capacita a tomar alguma distância para conseguir "traduzir" – representar – aquilo com que a vida nos confronta; a descolar do plano concreto e meramente sensorial para aceder a uma vida interior, isto é, ao plano mental da nossa existência. Isso é importante porque, como vimos no início do nosso percurso, sem negar sua importância, a felicidade tem menos a ver com os fatos do que com a forma como interpretamos os fatos da vida.

O sentido da vida de cada um de nós é um caldo que vai engrossando devagar, em fogo lento, por experiências propiciadas pelo chip da criatividade psíquica:

- A alegria do encontrado-criado, que reafirma a potência de ser e contribui para a força da pulsão de vida.
- Nascer psiquicamente em todos os vínculos significativos, ampliando o repertório emocional e realizando o próprio potencial.
- Abrir-se para o outro, deixar-se afetar e ser capaz de integrar novas experiências.
- Estar plenamente no mundo, compartilhando a existência com outros seres humanos.
- Trabalhar no sentido de transformar a realidade e ser transformado por ela.
- Deslocar-se de si mesmo, descobrir-se outro, ampliar o repertório psíquico e, com isso, enriquecer a existência, que não fica limitada pelo já conhecido.
- Reconhecer e me proteger dos elementos da realidade que não consigo transformar – não é possível suportar tudo.

- Reconhecer e processar emocionalmente os inevitáveis momentos dolorosos da existência.

Todos esses movimentos – e quem sabe outros que me escaparam – nos tornam singulares e únicos, capazes de oferecer ao mundo o melhor de nós. É aí que se gera o sentido da vida. A capacidade de sentir prazer e de amar a vida é essencial, mas sozinha não garante o sentido da existência. Curtir a vida não é o mesmo que ser feliz. Se o sentido estiver preservado, é possível ser feliz mesmo em condições de frustração temporária.

A aptidão à felicidade depende, então, de duas condições muito simples e, ao mesmo tempo, sofisticadas do ponto de vista psíquico: 1) ter realizado o luto primário, o que nos torna aptos a amar algo para além do próprio Eu; e 2) a criatividade psíquica, que nos torna aptos a transcender a concretude da vida e, ao mesmo tempo, ver sentido na própria matéria cotidiana de que ela é feita.

Referências

André, C. (2010). Le bonheur: nécessaire et tragique. In R. Frydman et al., *Recherche bonheur désespérément* (pp. 133-146). Presses Universitaires de France.

Assoun, P. L. (2010). Le bonheur à l'épreuve de la psychanalyse. In R. Frydman et al. *Recherche bonheur désespérément* (pp. 115--131). Presses Universitaires de France.

Bollas, C. (1992). *A sombra do objeto: Psicanálise do conhecido não pensado*. Imago.

Bourdin, D. (Org.). (2000). *Le bonheur: Classes préparatoires aux grandes écoles économiques*. Bréal.

Bourdin, D. (2012/2). De la saveur du plaisir à l'art d'être heureux? *Empan*, 86, 24-35. Disponível em https://www.cairn.info/revue-empan-2012-2-page-24.htm

Comte-Sponville, A. (2000). *Le bonheur, désespérément*. Pleins Feux.

Danon-Boileau, L. (2019). Entre perte de soi et répétition, l'instant créatif. In É. Chauvet, *Trois séances par semaine?* (pp. 123-133). Presses Universitaires de France.

Dejours, C. (2022). La sublimation entre souffrance et plaisir au travail. *Talks On Psychoanalysis*. Disponível em https://podcasts.apple.com/br/podcast/talks-on-psychoanalysis/id1515559267

Ferry, L. (2019). *7 maneiras de ser feliz: como viver de forma plena*. Companhia das Letras.

Freud, S. (2010). O mal-estar na civilização. In *Obras completas*. Companhia das Letras. (Trabalho original publicado em 1929.)

Freud, S. (2014). Conferências introdutórias à psicanálise. In *Obras completas*. Companhia das Letras. (Trabalho original publicado em 1917.)

Garcia, H., Miralles, F. (2018). *Ikigai: os segredos dos japoneses para uma vida longa e feliz*. Intrínseca.

Green, A. (1988a). *Narcisismo de vida, narcisismo de morte*. Escuta.

Green, A. (1988b). Pulsão de morte, narcisismo negativo, função desobjetalizante. In *A pulsão de morte*. Escuta.

Herrmann, F. (2000). A cura. *Jornal de Psicanálise, 33*(60/61).

Herrmann, F. (2001). *Andaimes do real: o método da psicanálise* (3ª ed.). Casa do Psicólogo.

Ismail Filho, S. (2017). Notas sobre o direito humano à felicidade. *RJLB, 3*(5), 1343-1366.

Kaës, R. (2012). Conteneurs et metaconteneurs. *Journal de la psychanalyse de l'enfant, 2*(2), 643-660. Disponível em https://www.cairn.info/revue-journal-de-la-psychanalyse-de-l-enfant-2012-2-page-643.htm

Klein, M. (2006a). Notas sobre alguns mecanismos esquizóides. In *Inveja e gratidão e outros trabalhos (1946-1963)*. Imago. (Trabalho original publicado em 1946.)

Klein, M. (2006b). Inveja e gratidão. In *Inveja e gratidão e outros trabalhos (1946-1963)*. Imago. (Trabalho original publicado em 1957.)

Minerbo, M. (s.n.). *Loucuras Cotidianas* [Blog]. Disponível em https://loucurascotidianas.wordpress.com/

Minerbo, M. (2016). *Diálogos sobre a clínica psicanalítica*. Blucher.

Minerbo, M. (2019a). *Novos diálogos sobre a clínica psicanalítica*. Blucher.

Minerbo, M. (2019b). *Neurose e não neurose*. Blucher.

Minerbo, M. (2020a). *Transferência e contratransferência*. Blucher.

Minerbo, M. (2020b). *A posteriori, um percurso*. Blucher.

Ogden, T. (2021). Analytic writing as a form of fiction. In *Coming to life in the consulting room* (p. 163). Routledge.

Racamier, P. C. (1993). Le deuil originaire. In *Cortège conceptuel* (p. 34). Apsygée.

Roussillon, R. (2010). A capacidade de criar e a exigência de criar. *Jornal de Psicanálise*, 43(79).

Roussillon, R. (2014). O trauma narcísico-identitário e sua transferência. *Revista Brasileira de Psicanálise*, 48(3).

Roussillon, R. (2020). A criatividade: um novo paradigma para a psicanálise freudiana. *Revista de psicanálise da SPPA*, (2), 291-311.

Spillius, E. B., Milton, J., Garvey, P., Couve, C. & Steiner, D. (2011). *The new dictionary of kleinian thought*. Routledge.

Winnicott, D. W. (1975). *O brincar e a realidade.* APGIQ.

Winnicott, D. W. (1990). A capacidade para estar só. In D. W. Winnicott, *O ambiente e os processos de maturação.* Artes Médicas. (Trabalho original publicado em 1958.)

GRÁFICA PAYM
Tel. [11] 4392-3344
paym@graficapaym.com.br